Arcángel Miguel

Conexión con el Ángel del Señor

© Copyright 2024

Todos los derechos reservados. Ninguna parte de este libro puede ser reproducida de ninguna forma sin el permiso escrito del autor. Los revisores pueden citar breves pasajes en las reseñas.

Descargo de responsabilidad: Ninguna parte de esta publicación puede ser reproducida o transmitida de ninguna forma o por ningún medio, mecánico o electrónico, incluyendo fotocopias o grabaciones, o por ningún sistema de almacenamiento y recuperación de información, o transmitida por correo electrónico sin permiso escrito del editor.

Si bien se ha hecho todo lo posible por verificar la información proporcionada en esta publicación, ni el autor ni el editor asumen responsabilidad alguna por los errores, omisiones o interpretaciones contrarias al tema aquí tratado.

Este libro es solo para fines de entretenimiento. Las opiniones expresadas son únicamente las del autor y no deben tomarse como instrucciones u órdenes de expertos. El lector es responsable de sus propias acciones.

La adhesión a todas las leyes y regulaciones aplicables, incluyendo las leyes internacionales, federales, estatales y locales que rigen la concesión de licencias profesionales, las prácticas comerciales, la publicidad y todos los demás aspectos de la realización de negocios en los EE. UU., Canadá, Reino Unido o cualquier otra jurisdicción es responsabilidad exclusiva del comprador o del lector.

Ni el autor ni el editor asumen responsabilidad alguna en nombre del comprador o lector de estos materiales. Cualquier desaire percibido de cualquier individuo u organización es puramente involuntario.

Su regalo gratuito

¡Gracias por descargar este libro! Si desea aprender más acerca de varios temas de espiritualidad, entonces únase a la comunidad de Mari Silva y obtenga el MP3 de meditación guiada para despertar su tercer ojo. Este MP3 de meditación guiada está diseñado para abrir y fortalecer el tercer ojo para que pueda experimentar un estado superior de conciencia.

https://livetolearn.lpages.co/mari-silva-third-eye-meditation-mp3-spanish/

¡O escanee el código QR!

Índice de contenidos

INTRODUCCIÓN 1
CAPÍTULO 1: ¿QUIÉN ES EL ARCÁNGEL MIGUEL? 3
CAPÍTULO 2: CÓMO INVOCAR AL ARCÁNGEL MIGUEL 14
CAPÍTULO 3: SEÑALES DE QUE EL ARCÁNGEL MIGUEL ESTÁ PRESENTE 24
CAPÍTULO 4: CÓMO SOLICITAR PROTECCIÓN 33
CAPÍTULO 5: CÓMO SOLICITAR LA CURACIÓN 44
CAPÍTULO 6: ELIMINAR LA ENERGÍA NEGATIVA 54
CAPÍTULO 7: CRISTALES PARA CONECTAR CON EL ARCÁNGEL MIGUEL 65
CAPÍTULO 8: HIERBAS Y ACEITES ESENCIALES DEL ARCÁNGEL MIGUEL 75
CAPÍTULO 9: RITUALES DIARIOS 85
EXTRA: HOJA DE CORRESPONDENCIAS 95
CONCLUSIÓN 103
VEA MÁS LIBROS ESCRITOS POR MARI SILVA 105
SU REGALO GRATUITO 106
REFERENCIAS 107
FUENTES DE IMÁGENES 114

Introducción

Como el más poderoso de los Arcángeles, Miguel puede proporcionar un enorme impulso a su espiritualidad. Conocido como el "Ángel del Señor", Miguel está más cerca del Creador que cualquier otro Arcángel. Él comanda a todos los otros Arcángeles y a un ejército de otros ángeles. Eso debería decirle exactamente cuánto poder puede prestarle si es necesario. Supongamos que desea profundizar en su espiritualidad y necesita protección contra intenciones maliciosas, eliminar influencias tóxicas de su vida, ampliar su confianza en sí mismo y su fe, y proteger su espacio y a sus seres queridos. En ese caso, el Arcángel Miguel es el ángel con el que debe conectar. Sin embargo, para obtener todo o parte de esto, necesitará establecer y alimentar una conexión personal con Miguel; aquí es donde la información que aprenderá en este libro le resultará útil.

El libro ofrece una visión exhaustiva de quién es el Arcángel Miguel y de las muchas formas en que puede comunicarse con él. Para comunicarse eficazmente con él, debe aprender a reconocer las señales que le envía y descifrar sus mensajes. Una vez que se haya familiarizado con sus señales tras leer el capítulo correspondiente, podrá profundizar en la petición específica que desee realizar. En el primer capítulo se ofrecen numerosos métodos para principiantes para solicitar la protección de Miguel en distintas ocasiones, como meditaciones y rituales. A éste le seguirá un capítulo en el que se detalla cómo solicitar la curación (a través de la oración, la mediación y el aprovechamiento de la luz del ángel) y otro capítulo sobre cómo pedir ayuda para desterrar la energía negativa de uno mismo, del espacio y de los demás.

Las herramientas que utilice al comunicarse con el Arcángel Miguel pueden potenciar su energía, permitiéndole aprovechar su poder de forma más eficaz y manifestar su intención con mayor rapidez y precisión. Además de la luz azul, Miguel también está asociado con ciertos cristales (y sus vibraciones), hierbas y aceites esenciales. Cada uno de estos elementos porta su propia energía, que puede potenciar su propia energía y aumentar la probabilidad de manifestar sus deseos. Los capítulos correspondientes le mostrarán qué herramientas utilizar cuando solicite la ayuda de Miguel. El último capítulo le guiará para alimentar su vínculo con el Arcángel Miguel a través de rituales diarios, desde vestir sus colores hasta meditaciones diarias y ejercicios de Reiki. Si quiere saber cómo honrar al Arcángel Miguel a lo largo del año y qué otras herramientas puede utilizar para invocarlo, el capítulo extra le proporcionará todas las formas de comunicación. Le servirá como guía de referencia rápida siempre que necesite algo que utilizar para establecer y construir una conexión profunda con Miguel.

El Arcángel Miguel siempre está ahí en tiempos de angustia, listo para afrontar cualquier reto y defender a los necesitados, y esto no es diferente con sus seguidores de hoy en día. Independientemente de su origen cultural o religioso, Miguel puede ayudarle a alcanzar la plenitud espiritual. Después de todo, lo único que necesita es su voluntad de conectar con él, una mente abierta y la capacidad de afinar su intuición para reconocer sus mensajes. A lo largo de este libro, recibirá mucha orientación práctica para cada aspecto del trabajo con este Arcángel, desde dar el primer paso para llamarle hasta honrarle mediante prácticas regulares. Si está listo para comenzar su viaje de construcción de una hermosa y espiritualmente edificante conexión de por vida con el Arcángel Miguel, continúe leyendo.

Capítulo 1: ¿Quién es el Arcángel Miguel?

Saber que no estás solo y que los ángeles te rodean constantemente es reconfortante. Dios creó a estas criaturas celestiales para que le sirvieran y protegieran y guiaran a la humanidad. Probablemente ha experimentado momentos en su vida en los que ha sentido que alguien velaba por usted, o se ha encontrado con sucesos demasiado extraños para ser considerados coincidencias. Estos son los ángeles trabajando. Siempre velan por usted, le envían mensajes o cambian su dirección para ponerle en el buen camino.

Los arcángeles son los ángeles más poderosos del Cielo. Dios les confía tareas importantes, y tienen la libertad de viajar a la Tierra para seguir las órdenes de Dios y ayudar a la humanidad. Ocupan la

Un icono del Arcángel Miguel en una catedral[1]

posición más elevada en el Cielo y son superiores a todos los demás ángeles.

La palabra "arcángel" deriva de dos palabras griegas: "arche", que significa *gobernante*, y "angelos", que significa *mensajero*. La palabra representa sus dos responsabilidades: gobernar a todos los ángeles y actuar como mensajeros de Dios que transmiten sus mensajes a la humanidad. Los arcángeles existen en todas las religiones y creencias espirituales.

Hay cuatro arcángeles en el Islam y el judaísmo y siete en el cristianismo. Este libro se centrará en el Arcángel Miguel y en este capítulo aprenderá todo sobre él, cómo se le representa en las tres religiones y los símbolos asociados a él.

Presentación del Arcángel Miguel

Miguel es un líder y uno de los principales ángeles del Cielo. Es un guerrero fuerte y valiente que siempre lucha del lado del bien. Busca la justicia y la verdad entre toda la humanidad. Miguel cree que el mal nunca prevalecerá mientras la gente tenga fe en Dios. Los ángeles siempre están del lado de los débiles e indefensos, protegiéndolos y defendiéndolos. La gente suele invocar a Miguel para que les dé la fuerza y el valor necesarios para resistir las tentaciones, vencer sus miedos y proteger sus corazones para que no se desvíen del camino correcto. También buscan su ayuda para curar a los enfermos y aliviar su dolor.

Miguel es un nombre originalmente hebreo que significa "un regalo de Dios". Se menciona tres veces en el Libro de Daniel del Antiguo Testamento y una vez en el Corán. También puede escribirse como Mikhail, Mikhael, Mikail y Mikael. Es el único ángel mencionado por su nombre en el Corán, la Biblia y la Torá.

El Arcángel Miguel en la Biblia y el Libro de Daniel

El Arcángel Miguel es descrito en el Libro de Daniel como el "príncipe principal" del Cielo o el "gran príncipe" que protegía al pueblo de Israel. Se le menciona sin ninguna introducción, y el libro no proporciona mucha información sobre él. Esto indica que la gente ya estaba familiarizada con él y sabía quién era. El Nuevo Testamento tampoco da detalles sobre Miguel. Cuando se le menciona por primera vez, él y Satanás estaban discutiendo sobre quién se quedaría con el cadáver del profeta Moisés.

La Biblia no menciona el aspecto de Miguel, pero a menudo se le representa como un capitán o un guerrero. Sin embargo, los ángeles suelen ser representados como seres fuertes, hermosos y altos. La humanidad no está preparada para ver a los ángeles en su verdadera forma, por lo que suelen aparecer en forma humana cuando quieren comunicarse directamente con las personas para guiarlas o advertirles de una fatalidad inminente. Por lo tanto, las escrituras instruyen a los creyentes a ser amables y gentiles con los extraños, ya que pueden ser ángeles disfrazados.

Miguel desempeñará un papel importante en la lucha contra el mal al final de los tiempos. El Libro de Daniel describe a Miguel como el protector de la gente que se levantará para dirigir a los ángeles en una guerra contra Satanás y su ejército de demonios. El Libro del Apocalipsis nos dice que habrá una batalla en el Cielo, y Miguel luchará contra un dragón fuerte y sanguinario. Ambos tendrán un ejército de ángeles a su lado, pero Miguel saldrá victorioso y expulsará al dragón del Cielo. El dragón y su ejército son Satanás y sus ángeles caídos.

En el Libro de Enoc, Miguel arrojó a Satanás y a otros ángeles caídos del Cielo al principio de los tiempos. Esto no se menciona en la Biblia, pero se considera una profecía de la batalla que tendrá lugar en el futuro. Ya que Miguel fue capaz de deshacerse de Satanás una vez, será capaz de hacerlo de nuevo. La Biblia afirma que el bien triunfará sobre el mal, y Miguel vencerá a Satanás y a su ejército.

Sólo Miguel puede derrotar a Satanás porque siempre defiende y protege a los creyentes del diablo y sus demonios.

También es responsable de llevar las almas de los creyentes muertos al Cielo, y será quien llame a toda la humanidad a la vida para el Día del Juicio.

Aunque Miguel no es humano, la Iglesia suele referirse a él como un santo. Incluso se le celebra y tiene su propia fiesta, que tiene lugar el 29 de septiembre. Se llama Michaelmas (Fiesta de San Miguel), y la gente suele seguir ciertas tradiciones para honrar este día. Por ejemplo, se abstienen de comer moras después de la fiesta porque cuando Miguel expulsó a Satanás del Cielo, cayó sobre un arbusto de moras. Desde ese día, todas las moras se vuelven agrias después de San Miguel, en recuerdo de que Satanás cayó sobre ellas.

Entre los testigos de Jehová existe la idea errónea de que Miguel y Jesucristo son la misma persona. Sostienen que, puesto que es el protector del pueblo de Israel y la Biblia también afirma que el Señor protege a los hijos de Israel, son lo mismo. Miguel también es descrito como "príncipe" en la Biblia, y muchos creen que este título sólo le corresponde al hijo de Dios, Jesucristo.

Sin embargo, Miguel es sólo un príncipe entre los ángeles; su superioridad no se extiende a los seres humanos. También hay otros seis arcángeles, así que Miguel no es único, a diferencia de Jesucristo, que es profeta e hijo de Dios.

Aunque Miguel es un ángel poderoso que siempre ayuda a la humanidad, la Biblia deja claro que la gente sólo debe adorar a Dios y rezarle.

Sólo hay unas pocas menciones de Miguel en la Biblia, lo que lo convierte en uno de los ángeles más fascinantes y misteriosos.

El Arcángel Miguel en el Corán

En el islam, Miguel se escribe Mikhail o Mikail y sólo se menciona una vez en el Corán:

"¡Quién sea enemigo de Alá, de Sus ángeles y de Sus mensajeros, de Gabriel y de Miguel! Alá es enemigo de los incrédulos".

Aunque ésta es la única mención que se hace de Miguel y Alá no proporciona ninguna otra información sobre él, de este versículo se desprende claramente que se le tiene en gran estima, ya que se le menciona junto a los Profetas, todos ellos muy queridos por Alá. No se menciona a ningún otro ángel en este versículo, lo que indica que Miguel y Gabriel son superiores a todos los demás seres celestiales.

En el Islam, Miguel es responsable de la lluvia, las plantas, los animales, los seres humanos y todos los acontecimientos naturales. Su trabajo es proporcionar alimento para el cuerpo y el alma. También se le apareció al Profeta Mahoma en más de una ocasión. Se narra en un hadiz (un dicho del Profeta Mahoma) que una vez le preguntó a Gabriel por qué nunca había visto reír a Miguel. Gabriel respondió que Miguel no se había reído desde que se creó el Infierno.

El Corán narra la ascensión del Profeta Mahoma al Cielo. Antes de emprender este viaje, Miguel y Gabriel le prepararon purificando su corazón. El Profeta también dijo que ambos ángeles eran sus consejeros personales.

Miguel también se preocupa por la humanidad y recompensa a los creyentes por su bondad y sus buenas acciones. Es conocido por su misericordia, y a menudo reza a Dios para que perdone a los pecadores y proteja las mezquitas y otros lugares de culto. Él y Gabriel desempeñarán un papel importante en el Día del Juicio Final. Sopesarán las buenas y malas acciones de cada persona, determinando si acabarán en el Cielo o en el Infierno.

En el Corán, cuando Alá creó a Adán, ordenó a todos los ángeles que se inclinaran ante él, y Gabriel y Miguel fueron los primeros en seguir sus órdenes.

El Arcángel Miguel en la espiritualidad y otras creencias

En el hinduismo, Miguel es descrito como el "Príncipe Guerrero". Es el líder del ejército de los dioses y el defensor del Dharma (la ley divina en el hinduismo). Algunos sistemas de creencias consideran a Miguel un símbolo de fuerza y esperanza más que un protector y defensor. Tanto si es religioso como si no, puede beneficiarse de tener a Miguel en su vida.

Hoy en día, muchas personas han perdido la esperanza, sobre todo ante la injusticia a la que se enfrentan a diario. Se han rendido y han aceptado que las cosas nunca mejorarán. En estos tiempos difíciles, necesitan buscar algo más grande que ellos mismos. Miguel se convirtió en su luz en sus días más oscuros y en su fuerza cuando se sentían débiles. En todas las religiones y creencias, Miguel es un símbolo de bondad, amor, valor, dignidad, fuerza y otras cualidades que la gente necesita desesperadamente.

Cómo puede ayudarle el Arcángel Miguel

La gente suele recurrir a Miguel más que a cualquier otro ángel. Puede curar a los enfermos, proporcionar defensa espiritual y guiar a las personas para que encuentren sentido y propósito a sus vidas. Les empuja a descubrir quiénes son realmente y a ser leales a su verdadero yo. También puede elevar sus fuerzas interiores y sus vibraciones psíquicas.

Miguel es el primer ángel creado por Dios y se encargó de la dignidad, la verdad, el poder y la seguridad. A menudo se le representa con una espada que utiliza para proteger a la humanidad del demonio.

Llame a Miguel siempre que tenga problemas de autoestima, le falte energía, necesite dirección, carezca de inspiración o sienta que le atacan psicológicamente. También puede ayudar a personas con trabajos estresantes, pesadillas o adicciones.

Encuentra sentido a su vida

Recurra a Miguel cuando le falte motivación; él le animará a ser productivo y organizado e incluso a encontrar la inspiración. No se preocupe si no tiene lo que hay que tener para alcanzar sus metas y hacer realidad sus sueños. Miguel le pondrá en el camino correcto para que pueda adquirir las habilidades y talentos necesarios para triunfar en la vida y tener un impacto en el mundo. Le animará a crear una rutina para que pueda tener una sensación de estabilidad en su vida y prosperar.

En tiempos difíciles

No dude en llamar a Miguel si está atravesando un momento difícil. Acudirá en su ayuda de inmediato. Miguel siempre está ahí para quien lo necesite. Cualquier tipo de protección o ayuda que necesite, él puede proporcionársela. Sólo tiene que pedírselo. Si está en una situación difícil y no puede superarla solo, Miguel le dará la fuerza y el coraje para superar cualquier cosa que la vida le depare.

Le tranquiliza

A veces, uno puede sentirse solo, especialmente cuando está a punto de tomar una decisión importante y no está seguro de si es la correcta. Llame a Miguel, y él le asegurará que no está solo y que está ahí, escuchándole, y es consciente de sus luchas. Él vela por usted y le animará a tomar las mejores decisiones que le beneficiarán en el futuro.

Protege su energía

Las personas empáticas y altamente sensibles se ven fácilmente afectadas por las energías de otras personas. Por ejemplo, tiene un amigo que se queja de todo. Cuando salís a comer, se queja de su trabajo, de su relación, del tiempo, de sus amigos e incluso del servicio del restaurante. Después de pasar unas horas con él, vuelve a casa sintiéndose exhausto y agotado. Las personas negativas son peligrosas para los empáticos. Pueden drenar su energía y hacer que se sienta cansado e incapaz de hacer incluso las tareas más sencillas. Si estas personas son sus compañeros de trabajo y se encuentras con ellas todos los días, esto puede dañar gravemente su salud mental.

El Arcángel Miguel tiene el poder de proteger su energía de las personas negativas. Cada mañana, antes de ir a trabajar, invoque a Miguel para que le proporcione protección espiritual. Si está a punto de entrar en un lugar lleno de negatividad, pídale al Arcángel que limpie las energías dañinas del lugar. Si comparte una oficina o una casa con una persona negativa, pídale que la vigile y la proteja cuando usted no esté.

Incluso puede pedirle que utilice su escudo para protegerle de la negatividad.

Le aporta positividad

Es normal estar preocupado y asustado cuando va a tomar una decisión importante, como casarse o cambiar de profesión. Adentrarse en lo desconocido nunca es fácil. Miguel le dará el valor para asumir los riesgos necesarios. Cuando las cosas no vayan como quiere y pierda la esperanza, pídale que aumente su positividad y optimismo para que pueda seguir adelante. Él le mostrará que siempre puede salir algo bueno de cada situación, incluso en los momentos en los que siente que no hay esperanza.

Le da valor

Habrá momentos en los que pierda la autoestima y se sienta asustado y desanimado. Por ejemplo, su compañero de trabajo sigue atribuyéndose el mérito de su trabajo, o su jefe desprecia todas sus ideas. Pídale a Miguel que le dé apoyo y orientación para hablar por usted mismo y mantenerse firme. Puede prepararse antes de hablar con su jefe y conseguir la confianza necesaria para decir lo que piensa, aunque le tiemble la voz.

Miguel también puede ayudarle con asuntos que teme abordar, como aspectos de su vida que necesita cambiar o mejorar. Por ejemplo, su pareja sigue traspasando sus límites y usted se lo permite porque teme que le deje si se defiende. O recibe una noticia terrible, se siente perdido y le cuesta aceptarla.

Recuerde que Miguel es un guerrero que puede darle el valor y la fuerza para enfrentarse a lo desconocido. Pídale que le infunda su valor para que se sienta con la confianza suficiente para afrontar estas situaciones difíciles. Miguel no sólo le proporcionará orientación, sino que también le enviará recursos, oportunidades e incluso personas que puedan ayudarle. También le facilitará el camino caminando delante de usted para librar batallas que no puede afrontar solo.

Le protege de las pesadillas

Todo el mundo tiene pesadillas de vez en cuando, pero algunas personas las tienen muy realistas y se despiertan aterrorizadas en mitad de la noche. Pídale a Miguel que le cuide mientras duerme o que ahuyente las pesadillas utilizando su poderosa espada.

Sus pesadillas pueden provenir de su subconsciente. Tal vez le preocupa perder su trabajo, o un miembro de su familia está enfermo y teme que no sobreviva. Estos pensamientos pueden mantenerle despierto por la noche, y cuando por fin se va a dormir, acaba teniendo pesadillas. Si invoca a Miguel, él le cubrirá con sus alas toda la noche para que se sienta cómodo y seguro.

Corta las cuerdas energéticas

Está conectado a todo y a todos los que le rodean a través de cuerdas energéticas invisibles. Estos lugares y personas formarán parte de su vida para siempre. Sin embargo, hay algunas relaciones que ya no le sirven. Su vínculo invisible permanecerá intacto, aunque se separe físicamente de ellos. Digamos que ha roto con su pareja y se ha ido de casa. Si está colgado de ella y no puede seguir adelante, es porque sigue conectado.

Llame a Miguel; él cortará la cuerda energética con su espada y le liberará de sus relaciones pasadas.

Siempre está a su lado

La mayoría de la gente recurre a su familia y amigos siempre que necesita apoyo. A medida que crezca, se dará cuenta de que las personas no siempre pueden estar a su lado. Esto no significa que sean malos amigos o familiares. Simplemente llevan vidas muy ocupadas. Aunque quieran estar a su lado, a veces la vida se interpone.

Sin embargo, nadie está realmente solo. Los ángeles siempre están a su alrededor. No tenga miedo de llamar a Miguel. Mientras todos en su vida están ocupados, él siempre está disponible a cualquier hora del día. En algunos casos, no querrá nada de Miguel. Sólo le necesitará a su lado. Llámele y dígale que sólo necesita sentir su presencia para saber que al final todo irá bien.

Símbolos asociados con el Arcángel Miguel

A veces, Miguel le llama. Tal vez quiera llegar a usted para entregarle un mensaje de Dios, advertirle contra algo o hacerle saber que ha escuchado su llamada y acudirá en su ayuda. Sin embargo, algunos de los mensajes que envía no son directos. Cada ángel tiene sus propios símbolos que utiliza para comunicarse con la humanidad. Aprenda los signos de Miguel para saber al instante cuándo le tiende la mano.

El nombre Miguel

Esta es una de las señales más fáciles de captar inmediatamente. Si sigue viendo o escuchando el nombre Miguel en todas partes, esto puede ser el ángel tratando de decirle algo. Esto sucederá a través de eventos aleatorios que tendrán lugar en un corto período de tiempo. Se levanta por la mañana y revisa las redes sociales, entonces ve una noticia sobre un tipo llamado Miguel, pero no le da mucha importancia. Mientras conduce hacia el trabajo, oye en la radio una canción de Michael Jackson. Está en la oficina y una amiga le enseña un libro que está leyendo. Se le cae accidentalmente y se abre en una página cualquiera que empieza por Miguel. Obviamente, estos sucesos no pueden considerarse simples coincidencias; se trata del Arcángel intentando llamar su atención.

Tal vez esté pasando por un momento difícil y Miguel quiere hacerle saber que está aquí para usted y que todo saldrá bien.

El color azul

El Arcángel Miguel está asociado con el color azul. Es un color común que se puede ver fácilmente en todas partes. Si sigue viéndolo más de lo habitual, es claramente una señal de él. Por ejemplo, todos los días, de camino al trabajo, ve cuatro coches azules, ve un grajo azul volando todas las mañanas, o inconscientemente viste de azul durante tres días seguidos. Preste atención a estos mensajes.

También puede ver al azar destellos de luz azul cuando él quiera acercarse a usted. La luz será muy clara y difícil de pasar por alto, ya que los símbolos de Miguel rara vez son sutiles.

Plumas

No para de ver plumas allá donde va. Encuentra dos en su felpudo, un amigo le regala un collar con un colgante de plumas o sigue viendo un gran número de pájaros en el cielo. Este símbolo indica que Miguel quiere hacerle consciente de su presencia y le hace saber que está aquí para usted.

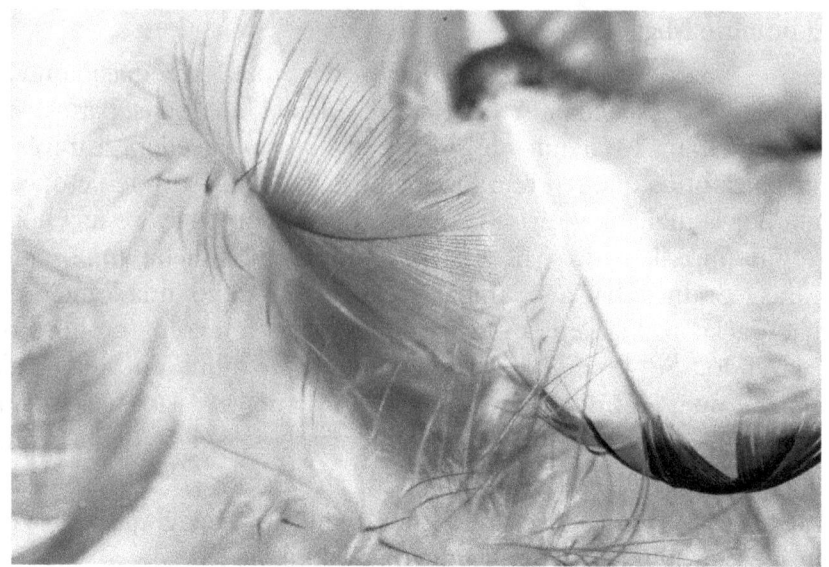
Ver una pluma es una señal de que Miguel quiere que sea consciente de su presencia[a]

Déjà Vu

Miguel utilizará el déjà vu para llamar su atención cuando esté a punto de suceder algo que puede cambiar su vida.

El número once

Miguel está asociado con el número once, y a menudo lo utilizará para intentar comunicarse con usted. Su reloj podría detenerse a las once en punto, o podría seguir viendo el número dondequiera que mirase.

Sueños

Miguel u otros ángeles pueden aparecérsele en sueños. Estos sueños suelen ser vívidos y reconfortantes. Preste atención a cada detalle, ya que podrían contener mensajes ocultos de Miguel.

Voces

Como Miguel nunca es sutil con sus mensajes, puede hablarle directamente. Digamos que está a punto de cruzar la calle y oye una voz fuerte que le dice que se detenga. Se da cuenta de que un hombre borracho que conduce como un loco podría haberle atropellado si hubiera cruzado la calle. A veces, la voz puede ser un susurro. En cualquier caso, el mensaje debería ser obvio, así que no lo ignore.

También puede enviarle un mensaje a través de otras personas. Por ejemplo, solicita un trabajo y cree que le aceptarán, así que decide dejar su empleo actual. De repente, su hermana le llama para charlar y, sin venir a cuento, le cuenta que su compañero de trabajo dejó el suyo tras acudir a un par de entrevistas porque creía que lo más probable era que le aceptaran en una de ellas. Sin embargo, lleva seis meses en paro y se arrepiente de su decisión. Al escuchar esta historia, decide permanecer en su puesto de trabajo hasta que tenga noticias de la otra empresa. Esto es claramente una advertencia de Miguel.

Trabajar con arcángeles puede ser intimidante, especialmente con uno tan poderoso como Miguel. Los ángeles han sido creados para apoyar y guiar a la humanidad, así que atrévase a llamarle, y él siempre responderá a la llamada. Recuerde, nunca está solo. Miguel está a su lado, proporcionándole guía y ayuda siempre que lo necesite, así que nunca desespere. Puede llegar a usted para ayudarle o advertirle, así que preste atención al mundo que le rodea para reconocer sus mensajes.

Capítulo 2: Cómo invocar al Arcángel Miguel

Se puede invocar al Arcángel Miguel por varias razones. Sin embargo, antes de determinar una intención específica, primero debe aprender a establecer contacto con él. En este capítulo, aprenderá las muchas maneras en que puede invocar al Arcángel Miguel, desde la meditación y las oraciones hasta la escritura libre y el trabajo con sueños, pasando por el uso de cristales y la proyección astral. También encontrará instrucciones sobre las mejores formas de contactar con él por primera vez.

Proyección astral

La proyección astral consiste en abandonar el propio cuerpo y viajar al plano astral. Este método requiere una meditación muy profunda y concentración (lo que requiere mucha práctica), y puede ser una forma estupenda de entrar en contacto con los arcángeles. El Arcángel Miguel es el arcángel más cercano al poder divino. Trabajar con él puede potenciar sus prácticas espirituales y elevar su espiritualidad. Utilizar la proyección astral le ayudará a establecer una conexión más profunda con este ser angelical. Con su ayuda, alcanzará un nivel superior de conciencia, lo que le hará más susceptible a los mensajes del ángel.

Se recomienda practicar la proyección astral sólo cuando se dominen técnicas de meditación más profundas. Esto también implica practicar técnicas de visualización, ya que el viaje astral a menudo requiere que visualice escenarios relacionados con su intención. Una vez aprendidas la visualización y la meditación, podrá alcanzar un nivel de conciencia más profundo. Esto es casi como un estado de trance, donde su espíritu puede viajar libremente, recogiendo conocimiento y sabiduría de todos los diferentes reinos.

Escritura libre

La palabra escrita tiene un poderoso efecto para potenciar su trabajo espiritual. Puede canalizar su energía y hacerla fluir en la dirección de su intención. Además de sanar, la escritura también puede ayudarle a manifestar cambios positivos en su vida, especialmente si la utiliza para convocar al Arcángel Miguel a su lado. Una forma de utilizar la escritura para contactar con este ángel es escribir un diario.

La escritura libre requiere concentración e intención para canalizar la energía del arcángel[8]

Compartir sus pensamientos y necesidades en un diario es una gran manera de construir una relación personal con el Arcángel Miguel. Otra forma de escribir a Miguel es la escritura libre. Esto requiere establecer una intención y escribir lo que le venga a la mente sin control consciente. Está canalizando su energía, por lo que mantener la concentración requerirá mucha práctica. Deje que el ángel guíe sus manos siempre que sienta:

- la necesidad de compartir con alguien sus aspiraciones, inquietudes y sentimientos más profundos.
- el deseo de hacer cambios positivos en su vida, pero no está seguro de dónde y cómo empezar este nuevo capítulo.
- impotencia por estar atrapado en el pasado y por centrarse constantemente en pensamientos que interfieren en su presente.
- falta de recursos y oportunidades para realizar cualquier parte de su vida o encontrar el propósito de la misma.
- inseguridad o miedo a una determinada situación, persona o a lo desconocido.
- haber sido herido por alguien cercano.
- la necesidad de expresar su gratitud por todo lo que tiene.

Después de escribir con su intención, puede mirarlo e intentar descifrarlo. Dependiendo de su experiencia, puede que el mensaje no tenga sentido para usted de inmediato. Sin embargo, cuando esté preparado, podrá reconocerlo y utilizarlo en su beneficio.

Meditación

Independientemente del motivo por el que medite con el Arcángel Miguel, él le proporcionará la claridad que necesita para encontrar lo que está buscando. Sólo por esa razón, la meditación es una forma estupenda de canalizar la energía de Miguel e invocarlo a su lado. Puede ayudarle a despejar su mente de pensamientos estresantes, elevar su espiritualidad o incluso limpiar sus chakras bloqueados si es necesario. Simplemente acudir a él durante una rápida meditación diaria puede ser una experiencia elevadora que le permitirá avanzar.

Hay varias maneras de meditar con Miguel, siendo la meditación matutina la más común. Por la mañana, se siente más relajado y le resulta más fácil concentrarse en aclarar su mente, centrarse y manifestar su intención. Puede combinar esto con una oración o invocación matutina dedicada a Miguel.

Otra forma es la meditación de los chakras. Esto implica establecer la intención de elevar sus energías en sus chakras y canalizarlas hacia la conexión con Miguel. Los chakras son los principales puntos energéticos del cuerpo. Están conectados a los órganos principales y a todos los procesos físicos, biológicos y espirituales que tienen lugar en su interior.

Puesto que invocar a Miguel requiere un nivel elevado de energía espiritual, es mejor centrarse en el chakra del tercer ojo cuando medite con él. Abrir este chakra influye directamente en la capacidad para calmar su cuerpo, silenciar su mente y potenciar sus habilidades psíquicas. El chakra del tercer ojo es su mejor herramienta para conectar con su yo superior y reconocer la presencia de los guardianes angélicos. Una vez que empiece a practicar la meditación de los chakras, le resultará más fácil notar las señales que Miguel le envía como reconocimiento de su conexión recién establecida.

Afirmaciones positivas

Al igual que los mantras, las afirmaciones positivas potencian la energía de su intención. También potencian su vínculo con el Arcángel Miguel, incluso si es la primera vez que las recita. Además de recitarlas en voz alta, también puede cantarlas. Recuerde que a los ángeles les gusta la música y cantar, y Miguel no es diferente. Las afirmaciones positivas deben expresarse en tiempo presente y en un tono optimista. Aunque algo no haya sucedido todavía, debe creer que sucederá. Cuanto más lo haga, más probable será que suceda. Por ejemplo, puede decir:

"Tengo la fuerza del Arcángel Miguel a mi lado, y sé que me ayudará a despejar todos los obstáculos de mi camino".

Además de empoderarse con el conocimiento de sus puntos fuertes, también le hará saber a Miguel que está pensando en ellos. Él lo verá como una invitación a unirse a usted en el viaje de su vida.

Cantos

A veces, todo lo que necesita hacer para conectar con el Arcángel Miguel es cantar su nombre. Supongamos que de repente se encuentra en una situación difícil y necesita ayuda urgente. En ese caso, basta con pronunciar el nombre de Miguel en voz alta varias veces. Él le escuchará y le responderá, aunque no note su respuesta inmediatamente (que la note o no depende de su experiencia con la comunicación espiritual y de su capacidad para acceder a su intuición). También puede cantar su nombre para reconocer que cree que Miguel le ayudará, tanto si le pide ayuda como si no.

Mantras

Un mantra es una forma de canalizar su energía en sus palabras. Sus palabras portan vibraciones únicas. Junto con una intención energética, la palabra hablada puede convertirse en una poderosa herramienta para transmitir vibraciones y mensajes al universo. Recuerde, todo tiene energía, y esta energía está viva. Puede canalizar conscientemente su energía para conectar con la energía que le rodea, incluyendo las esencias angélicas. Tiene el extraordinario poder de vincular su energía a pensamientos, emociones y acciones e influir en los resultados de sus intercambios energéticos. Puede utilizar las vibraciones de sus mantras para llamar a la fuerza energética del Arcángel Miguel y utilizarla para lo que quiera. Para empezar, necesitará mantras que le ayuden a establecer una conexión profunda con este ángel. Sin embargo, esto requerirá práctica y tendrá que ser paciente porque no sucederá de la noche a la mañana.

Mirando imágenes

A algunas personas les resulta útil mirar imágenes u otras representaciones de Miguel para establecer una conexión con él. Mirar atentamente la imagen de Miguel puede enviar un poderoso mensaje al ángel. También le ayuda a conectar con su yo superior. Practicar este método es una forma de afirmar su conexión con Miguel sin gastar demasiada energía. Es una gran estrategia para los principiantes que desean conectar con el Arcángel Miguel.

Usando representaciones de Miguel

Puede utilizar objetos asociados al Arcángel Miguel para invocarlo. Puede colocarlos en su espacio sagrado (altar o santuario) o donde más necesite su ayuda. También puede llevarlo consigo para mayor seguridad y protección. Por ejemplo, puede encender una vela azul y colocarla en su altar. El azul es el color asociado a Miguel, y su energía se representa a menudo como un orbe de luz azul. Puede decir una oración, mantra o invocación al encender la vela, o hacer que este paso forme parte de su meditación con el ángel. Vestir ropas azules cuando utilice cualquier método para invocar al ángel es también una forma poderosa de canalizar su intención de establecer una conexión con él.

Llevar objetos que representen al Arcángel Miguel es una forma sutil de anclar al ángel a usted. Canalice su energía (y su atención) hacia usted, de modo que siempre se sentirá protegido por él. Déjese llevar por su intuición y elija un objeto que le parezca adecuado. Puede ser una pluma, una moneda o cualquier objeto que le atraiga cuando piense en Miguel. También puede ser un cristal asociado con el ángel. Opte por piedras azules o transparentes con frecuencias vibratorias altas. Cuanto más alto vibre el cristal, más fácil será canalizar su energía hacia su intención. La angelita, la calcedonia azul, el lapislázuli y el cuarzo transparente son excelentes opciones. Dedique el objeto elegido al ángel pronunciando una afirmación o mantra que le reafirme la presencia de Miguel y su voluntad de ayudarle.

Oración

Aunque muchos rezan al Arcángel Miguel en momentos de necesidad, también puede utilizar este método para invocarle simplemente para conocerle mejor o agradecerle su bendición y presencia. La oración es una forma increíblemente poderosa de canalizar la energía espiritual, independientemente de sus preferencias religiosas. La oración da poder, abre la mente y disuade los pensamientos erróneos que podrían obstaculizar nuestra intención. El simple hecho de saber y creer que Miguel está ahí para escuchar sus plegarias puede darle resistencia emocional y permitirle superar cualquier obstáculo en la vida. No tiene que enfrentarse a los retos. Sólo debe tener el corazón abierto para aceptar la presencia de Miguel, y la oración es una forma estupenda de reforzar este conocimiento. A través de la oración, puede hacerle saber que le aprecia, lo que le permite entrar en su vida. Es como hablar con alguien que siempre está a su lado cuando lo necesita para apoyarle, ofrecerle consejo o simplemente escucharle.

Llamar al Arcángel Miguel

La forma más sencilla de conectar con el Arcángel Miguel es llamarle y pedirle que se una a usted. Puede pedirle que le acompañe dondequiera que esté o invitarle a unirse a usted en el trabajo o en un evento en el que pueda necesitar un pequeño impulso. No hace falta que le pida un favor concreto, simplemente pídale que le acompañe y él vendrá. Puede hacer esto cuando sienta que hay demasiada negatividad a su alrededor o cuando se sienta preparado para conocer al ángel. Este método no requiere mucha preparación ni práctica. También puede ayudarle a perfeccionar su intuición. Después de hacer su petición, tendrá que escuchar las señales que le indicarán que ha aceptado su invitación. Tarde o temprano, su presencia se hará notar, y de usted depende aprender a profundizar su conexión con él.

Invitar al Arcángel Miguel a sus sueños

A algunas personas les resulta más fácil comunicarse con seres sobrenaturales a través de los sueños. Mientras que los ángeles no tienen limitaciones para la comunicación espiritual, las personas sí las tienen. Los sueños pueden proporcionar un medio seguro para los mensajes espirituales si no está seguro de cómo comunicarse con seguridad en su vida de vigilia. Así que, si está preparado para conectar con el ángel, invítele a unirse a usted en sus sueños. Puede hacerlo rezándole, encendiendo una vela o haciendo una meditación rápida con él antes de acostarse. Su subconsciente le ayudará a dejar a un lado el estrés y le permitirá interpretar los mensajes angélicos. Puede combinar el trabajo con los sueños con llevar un diario y anotar los mensajes que recibe en sus sueños. De este modo, podrá revisitarlos y descifrar aquellos que no tenían sentido al principio. Incluso puede hacer preguntas al Arcángel Miguel sobre sí mismo para saber cómo le gusta comunicarse y sus preferencias en cuanto al contacto y la invocación. Recuerde que es posible que no reciba respuestas a todas sus preguntas de inmediato. Sin embargo, llegarán con el tiempo, ¡así que manténgase alerta!

Técnicas prácticas para conectar con el Arcángel Miguel

He aquí varias estrategias sencillas para invocar a este ángel y pedirle que se una a su bando:

Invocación matutina al Arcángel Miguel

Puede invocar al Arcángel Miguel a primera hora de la mañana si cree que va a tener un día difícil. Él puede guiarle a través de los desafíos del día, y los dos podéis aprender más el uno del otro. Aquí tiene una invocación que puede utilizar para invocar a Miguel:

"Te invoco, oh poderoso Arcángel Miguel,

Quien fue enviado por el universo para estar a mi lado.

Te pido con todo mi corazón y poder,

Que me bendigas con tu presencia en este día.

Sostén mi mano y guíame,

Que tu presencia bendiga mi día con fuerza y coraje.

Arcángel Miguel, rodéame ahora con energía bendita

Y permanece al lado de tu fiel seguidor

En quien me convertiré ahora que nuestra conexión se ha establecido".

Meditación del Arcángel Miguel

La siguiente meditación le ayudará a establecer una conexión inicial con el Arcángel Miguel. Puede combinar la práctica meditativa con oraciones, invocaciones o cualquier otra forma que le ayude a crear un vínculo poderoso con este ángel.

Instrucciones:
1. Busque un lugar tranquilo donde pueda concentrarse para invocar a Miguel. Siéntese en una silla o de espaldas a la pared. El objetivo es relajar los hombros, evitando encorvarse o ponerse tenso.
2. Respire hondo unas cuantas veces para centrarse y empezar a enraizarse. Visualice cómo sus piernas echan raíces y le atan al suelo. Debería sentir cómo tiran de usted hacia la tierra a medida que su enraizamiento espiritual se acerca a su fin.
3. Cuando se sientas enraizado y seguro, puede pasar al siguiente paso: visualizar al Arcángel Miguel. Si le ayuda, cierre los ojos. Conjure una imagen del ángel de pie frente a usted, rodeado de una luz azul brillante.
4. Visualice su espada flamígera, símbolo de su protección, y déjese tranquilizar por su presencia. Cuando esté preparado, llame al ángel.
5. Puede decirle lo que se le ocurra, saludarle, hacerle preguntas o cualquier otra cosa que desee. Evite pedir favores. El propósito de este ejercicio es establecer una conexión.

Oraciones al Arcángel Miguel

Las dos oraciones siguientes se utilizan para invocar a Miguel. Utilice la primera oración nada más despertarse para restablecer y reforzar su conexión con él. La otra es una oración vespertina que se recita al terminar el día. Puede ayudarle a expresar gratitud o a pedir señales para el día siguiente.

Oración matutina:

"Que el poderoso Arcángel Miguel sea enviado a mi lado,

para guiarme, bendiciéndome con su presencia.

Estoy dispuesto a poner mi fe y confianza en ti, Miguel,

Ya que sé que puedes proporcionarme la fuerza y el coraje que necesito.

Que nuestra conexión sea tan brillante como la luz de tu espada,
Para despejar todos los bloqueos y obstáculos que se interpongan en nuestro camino".

Oración vespertina:
"Ofrezco mi gratitud por tu guía divina Arcángel Miguel
Hoy he sentido tu presencia.
He sentido tu fuerza, confianza y fe en mí.
Te doy las gracias, Miguel, por estar a mi lado".

Caminando con el Arcángel Miguel

Caminar con Miguel es una forma estupenda de comunicarse con él. Es una forma de meditación activa e implica los mismos elementos esenciales que la meditación normal: concentrarse y canalizar la mente hacia la intención.

Instrucciones:

1. Camine a paso ligero durante diez minutos en un lugar donde pueda concentrar su mente: la naturaleza es el mejor lugar. Camine más despacio a un ritmo normal y continúe durante unos dos minutos.
2. A continuación, piense en su intención de hablar con el Arcángel Miguel. Envíele pensamientos de gratitud y amor y el deseo de reunirse con él.
3. Ahora, visualice a Miguel caminando a su lado. Dele las gracias por acompañarle y dígale lo que se le ocurra. No le pida favores y hable sólo de usted o de él.
4. Escuche lo que le responda y agradézcale su respuesta.
5. Si le cuesta imaginárselo a su lado, no se preocupe. Puede seguir hablando con él. Le oirá, aunque aún no le vea.
6. Sea cual sea el resultado, disfrute de su paseo. Aunque el Arcángel Miguel no aparezca, tarde o temprano le enviará mensajes.

Repetición de mantras

Cuando repita mantras, es crucial que lo haga concentrándote en su intención. Dado que los mantras funcionan mejor cuando son personales, intente escribir su propio mantra de invocación de ángeles. Dicho esto, a continuación le explicamos cómo sacar el máximo partido al uso de mantras para invocar al Arcángel Miguel.

1. Establezca la intención. Piense en lo que quiere conseguir. ¿Quiere que Miguel se ponga en contacto con usted de una forma concreta? Tal vez quiera invocarlo para saber más sobre él.
2. Sea lo que sea para lo que necesite el mantra angélico, téngalo presente. Puede hacerlo evocando una emoción que le provoque pensar en las intenciones. Una vez que determine las emociones, sabrá qué mantra elegir.
3. Vaya a su espacio sagrado. Puede ser cualquier espacio que dedique a la práctica espiritual. Puede crear un altar o un santuario o utilizar un lugar habitual en el que se sienta seguro y concentrado, desde su cuarto de baño hasta un rincón tranquilo de la naturaleza.
4. Póngase en una postura cómoda, respire hondo y relájese. Cuando su respiración se haga más lenta y profunda, su cuerpo liberará tensiones y su mente dejará de acelerarse. Entonces entrará en un ligero estado de meditación.
5. Inhale y exhale 5-6 veces para dirigir completamente su atención hacia su intención. Con cada respiración, canalizará más y más energía hacia su intención hasta que alcance un estado absoluto de calma y concentración.
6. Ahora, visualice un orbe de luz azul frente a usted. Obsérvelo crecer hasta que vea al Arcángel Miguel emerger de él. Piense en su deseo de conectar con él, y él le ayudará a establecer la conexión extendiendo su energía hacia usted.
7. Una vez que sienta su energía rodeándole, sentirá una sensación de ligereza. Ahora puede empezar a cantar su mantra para potenciar aún más su vínculo con el ángel. Dígalo en voz alta o en silencio en su mente.
8. Tras tres o cinco minutos de repetición del mantra, verá al Arcángel Miguel sonriéndole, asegurándole su presencia y protección. Puede dejar ir la imagen y salir lentamente del estado meditativo.
9. Repita los mantras con frecuencia. Cuanto más lo haga, más fuerte será su vínculo con el ángel. Será más sensible a sus necesidades y le resultará más fácil recurrir a él.

Capítulo 3: Señales de que el Arcángel Miguel está presente

Este capítulo ofrece una lista de signos de que el Arcángel Miguel ha respondido a su llamada. Estos signos pueden incluir ver plumas o números de ángel, ver el color azul con frecuencia y muchos otros. También encontrará algunas historias reales de personas que han conectado o "visto" con éxito al Arcángel Miguel.

Los signos más comunes de la presencia del Arcángel Miguel

Señales físicas

Las señales físicas son las formas más comunes en que el Arcángel Miguel se comunicará con usted. También pueden ir acompañadas de otros signos que le hagan sentir que el ángel está presente. A Miguel le gusta adoptar un enfoque directo y dejarle una señal inequívoca de su presencia. Algunas señales serán más sutiles que otras, pero si ya se ha acercado a Miguel, sólo tendrá que confiar en su intuición para descifrarlas. En cualquier caso, si nota que alguna de las siguientes cosas destaca de algún modo en su entorno, puede estar seguro de que el ángel está presente:

- **Plumas**: Son las tarjetas de visita universales de los ángeles. Si encuentra plumas a su alrededor, sabrá que el Arcángel está cerca.

- **Mariposas**: Son una señal de tranquilidad de la presencia de Miguel.
- **Pájaros blancos:** Otro grupo de criaturas aladas que a menudo actúan como mensajes para los ángeles. El Arcángel Miguel podría estar enviándoselos para ayudarle a sentir su amor y traerle paz.
- **Migas de pan:** Dejar un rastro de migas de pan es la forma que tiene el ángel de hacerle saber que puede confiar en los poderes divinos.
- **Temperatura:** Una señal inequívoca de la presencia de un ángel poderoso es el descenso repentino de la temperatura. A menudo le sigue una sensación instantánea de calor que emana de Miguel.

Orbes de Luz

Si ha invocado antes al Arcángel Miguel, ya cuenta con su protección. Para asegurarse de ello, le enviará mensajes en forma de chispas de colores, destellos de luz azul y orbes. Si aún no le ha dado la bienvenida y él siente que necesita protección o curación, enviarle esas cosas puede ser su forma de pedirle que le deje entrar. Puede que vea una larga raya de luz o un orbe flotando delante de usted durante un par de minutos. O puede que vea un destello de luz de la nada cuando está haciendo su vida cotidiana. En cualquier caso, ver su luz le hará sentir cálido y querido. Sabrá que está rodeado por la protección de Michael, y contará con su guía a partir de ese momento.

Ver orbes o chispas de luz indica que Miguel está pidiendo que le dejen entrar⁴

Tonos azules y morados

Notar tonos azules y morados también puede indicar la presencia del Arcángel Miguel. Como Arcángel poderoso, Miguel está asociado con la luz coloreada, a diferencia de otros ángeles menores cuya luz es blanca. Esto se relaciona con su propósito divino, que es la protección. Los colores púrpura y azul están relacionados con la capa protectora del aura de todos los seres vivos. También se asocian con las cualidades más conocidas de Miguel: serenidad, determinación, honestidad y verdad. Si de repente nota que estos colores aparecen a su alrededor, puede estar seguro de que Miguel está presente.

Una sensación de calor y hormigueo

Hay varias razones por las que puede sentir calor u hormigueo si Miguel está presente. Tiene una esencia muy poderosa, y su audaz instinto protector se transmite en frecuencias más altas. Cuando estas frecuencias lleguen a usted, sentirá la calidez de su protección. Como resultado, se sentirá satisfecho y feliz. En segundo lugar, Miguel es el Arcángel asociado con el Sol. A veces incluso se le representa con una espada flamígera. Por lo tanto, si siente una repentina oleada de calor unida a un flujo de energía positiva, es señal de que Miguel está ahí para levantar su ánimo y su espíritu.

Imágenes de espadas, guerreros o del Arcángel Miguel

Si sigue viendo imágenes de guerreros, espadas o del propio Miguel, también podría ser la forma que tiene el ángel de dar a conocer su presencia. Podría verlo en pinturas, estatuas y otras formas de arte. Algunas de ellas pueden ir acompañadas de palabras como "mal" y "matar". Las espadas y los guerreros se encuentran entre sus correspondencias, por lo que también son sus signos. Por ejemplo, puede ver pinturas de guerreros luchando contra el mal. O puede encontrar este motivo en un videojuego. Si alguno de ellos aparece sin motivo aparente, préstele atención porque podrían ser mensajes del Arcángel Miguel.

Una sensación de energía que eleva o enraíza

El Arcángel Miguel proporciona el equilibrio perfecto de energías que le elevarán y le enraizarán al mismo tiempo. Si siente una sensación de seguridad y mejora espiritual, el ángel le indica que no tendrá que preocuparse por tener la fuerza suficiente para superar sus obstáculos. Puede que se sienta como envuelto en una manta protectora que también le proporciona resistencia y aguante. O puede que de repente se dé cuenta de que puede superar el reto al que se enfrenta o al que está a punto de enfrentarse. También es posible que de repente tenga un momento de claridad, se sienta con los pies en la tierra y tenga un renovado sentido de la concentración. En cualquier caso, seguro que no echará de menos esta energía.

Una sensación de paz

Tener una abrumadora sensación de paz también podría denotar la presencia del ángel. Siendo un gran protector, Miguel ofrecerá una presencia reconfortante. Independientemente de su situación, se sentirá en paz y seguro de que todo saldrá bien. Esto se debe a que tener cerca a este ángel aleja las energías negativas y las influencias nocivas. Es como si le abrazaran unas alas invisibles. Si la sensación de paz también va acompañada de amor y una oleada de positividad que calma sus preocupaciones y eleva sus corazones, sepa que el Arcángel Miguel está ahí para asegurarle su presencia, escucharle e incluso secar sus lágrimas si es necesario.

El nombre Miguel

Además de su imagen, el nombre de Miguel puede aparecer como una señal de que está cerca. Si se encuentra continuamente con el nombre de Miguel dondequiera que vaya sin ninguna razón para ello (no es su nombre ni el de ninguno de sus seres queridos), puede que se trate del Arcángel haciéndole saber que está a su lado. Por ejemplo, puede encontrarse con varias personas que se llamen Miguel (un cajero, un camarero en un restaurante, un compañero de trabajo, etc.), oírlo o verlo en las noticias o al navegar por Internet. Lo normal es que se tope con su nombre varias veces en un mismo día. Las formas específicas en que aparece el nombre pueden ofrecer pistas sobre el mensaje que el ángel está intentando enviar. Por ejemplo, oírlo en las noticias podría ser una señal de advertencia. Mientras que toparse con un compañero de trabajo llamado Miguel podría ser una pista para que preste más atención a su trabajo.

Sentirse seguro y protegido

A veces, la única señal que recibirá de Miguel es una sensación de seguridad. Esto puede venir independientemente de su trabajo espiritual e incluso puede tomarle por sorpresa. De repente, se siente protegido y seguro sin ninguna razón. No sabe por qué, pero siente que nada puede hacerle daño en ese momento. La poderosa energía protectora de Miguel le sorprenderá, aunque haya solicitado protección o tomado medidas para protegerse de influencias dañinas. Le dará un sentido de la orientación y sabrá intuitivamente cómo elevar sus energías protectoras. Reconocer que esa sensación de seguridad significa la presencia de Miguel le llenará de confianza para avanzar en la vida y en su capacidad para manifestar los cambios que desea. Sabe que nada le disuadirá de su objetivo, por muy temibles que parecieran los obstáculos hace un par de minutos. Su miedo ahora ha disminuido porque sabe que él está ahí con usted.

Confíe en su intuición

Si es la primera vez que trabaja con un ángel, probablemente aún esté aprendiendo a escuchar a su intuición (especialmente cuando recibe y descifra mensajes angélicos). Sin embargo, después de contactar con Miguel, es posible que note que puede confiar más en sus instintos. La presencia del Arcángel Miguel provoca un poderoso cambio energético a su alrededor, elevando sus vibraciones. Aunque esta energía es diferente, y no puede explicar por qué lo es, simplemente sabe que puede confiar en ella.

Oír la voz de Miguel

Otra forma directa en que Miguel anuncia su presencia es hablándole directamente. Si le ha invitado a entrar en su vida y ha empezado a oír una voz distinta de la suya interior, probablemente sea la del Arcángel. Esto es especialmente común entre los principiantes, a quienes les resulta más fácil recibir mensajes de una forma más mundana. El ángel le hace saber que está ahí y dispuesto a escucharle susurrándole al oído. ¿Se pregunta cómo puede saber que lo que oye es su voz y no la de su monólogo interior? Es muy sencillo. Lo sabrá porque será mucho más fuerte. Algunos informan de que es un sonido atronador que expresa un mensaje alto y claro. A diferencia de otros ángeles que envían mensajes sutiles a través de música y otros sonidos, el Arcángel Miguel irá directo al grano. Si de repente oye una advertencia contundente de no proceder con algo, escúchela. Miguel le está advirtiendo de que esa acción puede tener graves consecuencias negativas y llevarle por un camino que no desea seguir. Si oye una voz calmada que le ofrece consejo, simplemente intenta guiarle en la dirección correcta. Independientemente de cómo escuche al Arcángel Miguel, sepa que su mensaje siempre procede de un lugar de amor. Las personas con capacidades físicas elevadas, como la clariaudiencia, serán más susceptibles a los mensajes auditivos de Miguel. Por el contrario, los que tienen clarividencia simplemente sabrán que la voz que oyen procede de este ángel.

Persistencia

¿Le ha faltado determinación en el pasado, pero ahora siente la necesidad de perseverar en la consecución de sus objetivos? Si está decidido a persistir (independientemente de lo difícil que pueda parecer el camino) es probable que Miguel le esté guiando. La persistencia es uno de sus rasgos más admirables.

El impulso de defender

Cuando se encuentra bajo la influencia del Arcángel Miguel, puede sentir la necesidad de defender a alguien de una injusticia. Digamos que se entera de que su compañero de trabajo está a punto de ser castigado por el error de otra persona. En lugar de dejarlo pasar (porque teme que le sancionen a usted también), se levanta y expresa su indignación ante esa injusticia. El Arcángel Miguel tiene una vena protectora kilométrica. Al transmitirle algunas de sus cualidades, le muestra cómo puede conectar con él. Del mismo modo, también podría tener la necesidad de enfrentarse a sus adversarios. Podría ser algo tan sencillo como hacerle saber por fin al vecino que no le parece bien que escuche música a todo volumen en mitad de la noche. O, simplemente, decide controlar sus mayores elementos disuasorios: sus propios miedos. Ya sea miedo a una situación concreta o a lo desconocido, de repente se animará a correr riesgos y ver adónde van las cosas. Al enfrentarse a sus miedos, puede que encuentre nuevas oportunidades o aprenda que no tiene nada que temer.

Una atracción hacia el Arcángel Miguel

Si ha invitado al Arcángel Miguel a su vida, puede que necesite empezar a trabajar con él inmediatamente. Si es así, esto indica que ha recibido su llamada y está preparado para establecer una conexión con usted. Tanto si desea solicitar una curación, obtener una lectura espiritual con él o trabajar de cualquier otra forma que contribuya a su realización espiritual, él está dispuesto a participar. El Arcángel Miguel tiene el poder de canalizar energías e intenciones, lo que en última instancia le empuja en la dirección correcta. Aunque no le obligará a hacer nada (es partidario del libre albedrío), puede ayudarle a tomar mejores decisiones. Una de sus formas de hacerlo es haciéndole sentir que se siente atraído hacia cierto tipo de trabajo espiritual que él puede ayudarle a explorar. Este pensamiento puede surgir cuando se deja llevar por sus instintos. Si acaba de hacerle la primera llamada y no le ha pedido ayuda, puede que le esté diciendo que debería hacerlo. Tal vez esté tratando de decirle que, para trabajar con él, primero tiene que curarse de un trauma emocional, y él se ofrece a acompañarle en este viaje de curación. Si no entiende por qué siente una intensa atracción hacia el Arcángel Miguel, observe el panorama general. Busque también otras señales y pida más si es necesario. Hacer preguntas a Miguel es la mejor manera de establecer una conexión con él, especialmente si se siente atraído por él.

Encontrar el propósito de su vida

Si ha estado luchando por encontrar el propósito de su vida y lo ha encontrado de repente, puede estar seguro de que tiene algo que ver con el Arcángel Miguel. Miguel le motiva a ser más productivo, para que pueda tener una vida plena y alcanzar la iluminación espiritual. Él está ahí para hacerle saber que le ayudará a desarrollar sus talentos y habilidades para cumplir su propósito. Tanto si ha encontrado algo que le beneficia a usted y a sus seres queridos como a toda su comunidad, Miguel sin duda le apoyará en sus esfuerzos. Le ayudará a mantenerse decidido, organizado y a seguir la rutina que le mantenga en el ritmo adecuado mientras trabaja para alcanzar sus objetivos. Puede comprobarlo acudiendo al Arcángel Miguel después de haber dado los primeros pasos hacia el cumplimiento del propósito de su vida.

Mantener relaciones sencillas

Si ha luchado con constantes conflictos en una o más de sus relaciones, Miguel puede enviarle un mensaje que le ayudará a resolver el problema. Por ejemplo, podría recibir un mensaje en sueños o a la mañana siguiente de una pelea con su pareja antes de acostarse. O puede que vea un repentino destello de luz azul mientras discute con su jefe y le pide un aumento de sueldo. Si alguno de estos escenarios se repite más de una vez, puede indicar que el Arcángel Miguel quiere guiarle en la dirección correcta. Quiere que resuelva los conflictos que están complicando sus relaciones. Sabe que las relaciones sólo son satisfactorias cuando se basan en emociones, ideas y valores sencillos pero profundos.

Testimonios de personas que reconocieron las señales del Arcángel Miguel

Existen innumerables registros de personas que han encontrado o verificado su conexión exitosa con el Arcángel Miguel. A continuación, se muestran algunos de ellos.

"Una mañana me levanté y salí al balcón a tomar el aire mientras me tomaba el primer café del día. Era una mañana de finales de primavera, con cielo despejado, y yo aún tenía sueño. De pie, con mi taza en la mano, de repente noté algo flotando en el aire delante de mí. A medida que se acercaba, me di cuenta de que era una pluma blanca. Cuando llegó a la altura de mi cara, se detuvo y se quedó flotando delante de mis ojos durante unos segundos y luego se la llevó una ligera brisa. Al principio, no sabía de dónde venía la pluma porque no había pájaros en el cielo. Y aún más extraña era la forma en que permanecía frente a mí. Entonces recordé que había llamado al Arcángel Miguel unos días antes, pidiéndole una señal de que estaba dispuesto a trabajar conmigo. Me di cuenta de que la pluma era Miguel diciéndome que ahora estaba aquí conmigo. Cuando la pluma siguió apareciendo también en otros lugares, supe que había interpretado la señal correctamente". - Olivia.

"Me persiguió una presencia inquietante y pesada durante varios días, y no sabía de dónde venía. No creía que nadie cercano a mí me deseara mal, pero me equivocaba. Deseosa de conocer el origen de esta energía negativa en mi vida, pedí ayuda al Arcángel Miguel. Encendí una vela y le recé, pidiéndole que me enviara una señal antes de acostarme. Miguel apareció en mis sueños y me hizo saber que era mi mejor amigo el que me estaba envenenando con sus energías tóxicas. Tenía envidia de mis logros y quería que fracasara. Miguel vino a advertirme de él y me pidió que rezara por mi amigo. De repente, la presencia negativa ya no me controlaba. Siempre estaré agradecido a Miguel por señalarme esto". - Charlie.

"He luchado contra la depresión la mayor parte de mi vida. Después de perder a mi madre, me sentí muy perdida. Quería estar sola y me negaba a salir de casa. Sabía que esto no era bueno para mí, así que decidí pedirle al Arcángel Miguel que me ayudara a curarme. Siempre me ha gustado meditar, así que pensé que sería la mejor manera de empezar mi viaje de curación. Después de rezar a Miguel, relajé la mente y lo invoqué a mi lado. De repente, vi un orbe azul brillante

delante de mí. Al principio, sentí miedo, pero luego oí a Miguel diciéndome que no tuviera miedo. La luz se acercó y acabó envolviéndome antes de conectar conmigo. Sentí como si empezara a drenar la negatividad de mí. Cuando ya no quedaba nada de negatividad, la luz desapareció. Di las gracias a Miguel por su ayuda y salí de mi estado de meditación. Me sentí mucho más ligera y supe que podía ser feliz. A partir de entonces, decidí trabajar regularmente con el Arcángel Miguel. Poco después, empecé a sentirme mejor y, poco a poco, la sonrisa volvió a mi cara". - Laura

Capítulo 4: Cómo solicitar protección

El Arcángel Miguel es un guerrero espiritual y líder del ejército de los ángeles. Lucha contra el mal, por lo que es perfecto para protegerse de las influencias nocivas. ¿A quién invocar cuando necesita protección? En este capítulo, encontrará varias formas de adquirir el escudo protector del Arcángel, incluyendo oraciones, meditaciones, amuletos y mucho más.

El Arcángel Miguel es un guerrero espiritual[1]

Amuleto de protección con los poderes de Miguel

Llevar un amuleto o talismán infundido con los poderes del Arcángel Miguel le hará sentir siempre protegido. Siempre que sienta que está en peligro, el amuleto estará ahí como recordatorio del amor y la protección de Miguel. Funciona mejor si primero limpia su cuerpo y su espacio de energías dañinas.

Ingredientes:
- Una vela blanca.
- Un trozo de tela roja lo suficientemente grande para su talismán.
- Una hoja de laurel.
- Vinagre.
- Guindilla seca.
- Sal marina gruesa.
- Aceite esencial asociado a Miguel.
- Una imagen o símbolo del Arcángel Miguel.
- Una aguja.
- Hilo rojo.
- Tijeras.
- Alfiler de gancho (opcional).

Instrucciones:
1. Coja la sal marina con las manos y empiece a caminar en el sentido de las agujas del reloj. Espolvoree la sal alrededor, formando un círculo lo suficientemente grande como para sentarse en él.
2. Unja la vela con el aceite esencial y enciéndala mientras invoca al Arcángel Miguel.
3. Con la aguja y el hilo, haga una bolsa con la tela. Coloque dentro la guindilla, la hoja de laurel, la representación de Miguel y una pizca de sal, sumerja la aguja en el vinagre y cosa la bolsa.

4. Imagine que un rayo de luz azul brilla sobre usted, envolviendo su cuerpo, hasta que empiece a irradiar también.
5. Luego recite lo siguiente: *"Que esta llama sagrada arda sobre mí, Que esta llama sagrada arda debajo de mí, Que esta llama sagrada arda a mi lado, Que esta llama sagrada arda delante de mí, Que esta llama sagrada arda detrás de mí, Que toda esta llama femenina arda dentro de mí, Mi Miguel siempre estará conmigo".*
6. Apague la vela. Puede volver a encenderla cuando desee invocar de nuevo la protección de Miguel.
7. Asegure la bolsita dentro de su ropa o bolso con el imperdible si lo prefiere. Si no, colóquela allí donde necesite sus poderes protectores.
8. Para reforzar el poder del fuego protector de Miguel, coja un poco de sal marina y espolvoréela alrededor de las entradas de su casa, incluidos los alféizares de las ventanas y las puertas traseras.

Ritual para invocar la protección del Arcángel Miguel

Con el siguiente ritual, puede solicitar la protección de Miguel y pedirle que elimine la energía negativa. Tradicionalmente, este ritual se realizaría en un día asociado al Arcángel Miguel. Sin embargo, puede hacerlo cualquier día que prefiera. Antes del ritual, límpiese espiritual y mentalmente.

Ingredientes:
- Herramientas para limpiar su espacio y sus objetos.
- Herramientas para purificar su cuerpo.
- Una vela roja.
- Aceite asociado a Miguel para la vela.
- Un talismán cargado con los poderes protectores de Miguel.

Instrucciones:
1. Despeje su espacio y límpielo. A continuación, encienda un incienso o una varilla para limpiarlo espiritualmente. También puede ungir las entradas con aceite esencial o espolvorear sal

mezclada con hierbas asociadas al Arcángel Miguel.

2. Limpie su cuerpo con un baño de sal y purifique sus herramientas con sal, humo o cualquier otro método que prefiera.
3. Cuando esté listo, busque una posición cómoda, respire profundamente y concéntrese en invocar al Arcángel Miguel. Cante lo siguiente:

"Invoco tu poder Arcángel Miguel

Reconozco tu fuerza y valor

Y ofrezco mi gratitud por tu presencia en mi vida.

Como has dominado el mal

Te pido que me ayudes a dominar lo que me amenaza

Protégeme a mí, a mi espacio y a mis seres queridos de las influencias malignas.

Guárdame de todo lo que pueda dañarme

Cualquiera que me desee el mal.

Te doy las gracias de nuevo, Miguel".

4. Encienda la vela roja y colóquela en un lugar seguro. Deje que se consuma por completo, pero apáguela siempre que no pueda atenderla.
5. Cuando la vela se haya consumido, entierre los restos de cera en la tierra. Puede hacerlo en su jardín, en una maceta en el alféizar de la ventana o en el parque.
6. Coja el talismán y colóquelo donde necesite más protección. Si es para su casa, póngalo en la entrada. Si es para usted, llévelo consigo.

Oración al Arcángel Miguel

Rezar al Arcángel Miguel es la forma más sencilla y segura de obtener su protección. Puede utilizarse en cualquier ocasión y combinarse con invocaciones, meditaciones o cualquier otra estrategia que desee utilizar para solicitar la protección de Miguel.

Instrucciones:

1. Siéntese frente a su espacio sagrado. Puede ser un altar o cualquier lugar en el que se sienta seguro y concentrado.

2. Si lo desea, encienda una vela en nombre de Miguel. A continuación, recite la siguiente oración:

"Te ruego, Miguel, el príncipe celestial que nos defiende en la batalla,
Ya sea entre los poderes de la oscuridad y la luz,
la batalla de los principados espirituales.
Te pido que vengas en mi ayuda ahora,
Y te unas a una creación hecha a semejanza del creador.
Ayúdame a redimirme de las influencias que no pude evitar,
Y lucha las batallas del espíritu junto a tus ángeles.
Sé que las energías oscuras son impotentes para resistir a tu esencia omnipotente,
En la Tierra y en todos los reinos del universo.
Tú eres el asesino del enemigo,
Que se transformó en un ser de luz.
Y mientras vagas entre el espíritu malvado,
mátalos a todos, expulsándolos del universo.
Te pido que me protejas contra estas fuerzas impuras,
Que amenazan con privar mi mente y corromper mi corazón.
Ayúdame a permanecer libre de estas energías,
Y evita caer en la trampa de la mentira, el resentimiento y el miedo.
Sé que mis obstáculos y enemigos pueden ser formidables,
Pero con tu ayuda, puedo superar hasta el más astuto de los desafíos.
Ayúdame a poner una luz de protección a mi alrededor
Y usa tu espada para alejar todo lo que me amenace".

3. Repita la oración tres veces seguidas. Deténgase sólo para respirar profundamente entre cada repetición.
4. Una vez terminada la oración, puede formular una petición si la tiene. Si la tiene, sea tan específico como pueda. Por ejemplo, si se siente amenazado por una persona concreta, pídale a Miguel que le proteja de ella.

5. Alternativamente, puede meditar durante un par de minutos después de su oración o simplemente seguir con su día o noche. Cuando haya terminado, apague la vela.

Visualización del escudo de Miguel

Esta meditación de visualización le ayudará a atraer la protección de Miguel a su vida. Le ayudará a sentirse seguro y protegido mientras trabaja para expresar su auténtico yo. Le dará confianza para abrazar su luz y dejar atrás cualquier interferencia que provenga del entorno externo o interno.

Instrucciones:

1. Busque un lugar apartado donde pueda concentrarse sin distracciones. Póngase cómodo relajando el cuerpo y la mente.
2. Concéntrese en profundizar su respiración e imagine que inhala energía luminosa. Sienta cómo la luz penetra en su cuerpo. Al mismo tiempo, con cada exhalación, libere cualquier energía que no le pertenezca.
3. Una vez que todo su cuerpo (todas las dimensiones, física, mental y espiritual) esté lleno de luz, puede llamar a sus ayudantes espirituales. Empiece por su yo superior, ya que es ahí donde reside su poder, y es lo que le ayudará a atraer y utilizar el escudo de Miguel.
4. A continuación, pida al Arcángel Miguel y a todos los ángeles que trabajan con él que se unan a usted. Cierre los ojos y visualice la espada de Miguel flotando frente a usted, envuelta en una llama azul eléctrico.
5. Sienta cómo la llama de la espada le alcanza, impregna su cuerpo y limpia todas las capas del mismo, primero la física y luego la metafísica (los chakras y las capas del aura).
6. A continuación, sienta cómo la llama alcanza sus emociones, limpiando cualquier sentimiento o emoción negativa o confusa que haya recogido de los demás. Junto con las emociones, la llama eliminará todas las energías que no le pertenecen, pero que están nublando su juicio emocional.
7. Las ideas, pensamientos, creencias y juicios de otras personas se liberan de su mente. Sus energías están desenredadas de las negativas que la amenazan.

8. Ahora, pídale a Miguel que le ayude a sellar su energía recién limpiada. Visualice el campo azul eléctrico rodeando su cuerpo.
9. Mientras la luz sella su cuerpo, imagínese alcanzando la espada y colocándola frente a su corazón para sellar su chakra cardíaco. A continuación, mueva la espada hacia su espalda, sellándose también desde ese lado.
10. Después del frente y la espalda, selle su lado izquierdo y derecho, y luego mueva la espada por encima de su cabeza antes de ir hacia sus pies, protegiendo el espacio de arriba y más allá.
11. Imagine que está protegido por siete espadas, una de cada dirección en la que selló sus energías y una de su interior. Respire hondo y entre en su yo superior. Sienta cómo se fortalecen las energías de frecuencia superior mientras que las inferiores no pueden entrar en su campo energético.
12. Respire y permita que la alineación de protección cree un escudo a su alrededor. Esto es de Miguel, y puede invocarlo siempre que necesite protección. Siempre que necesite protección, sólo tiene que imaginarlo multiplicándose, protegiéndole eficazmente de todas las energías de baja frecuencia.
13. Deje ir todas las imágenes y siga respirando profundamente durante unos minutos. Durante este tiempo, Miguel y los ángeles que trabajan con él intensificarán la energía de su escudo protector.
14. Salga de la meditación y siga con su día, llevando el escudo de Miguel dondequiera que vaya.

Meditación del chakra del Arcángel Miguel

Con esta meditación, puede invocar la poderosa energía del Arcángel Miguel para que le proteja de las interferencias espirituales. Durante este ejercicio, se encontrará con Miguel, que le ayudará a cortar los apegos malsanos, permitiéndole establecer una conexión superior con su yo superior y el reino espiritual de sanación, relajación y protección.

Instrucciones:
1. Busque un espacio cómodo y tranquilo. Si puede, que sea al aire libre. Si medita en el interior, deje una ventana abierta.
2. Cierre los ojos y concéntrese en su respiración. Sienta cómo el aire fresco entra en su cuerpo y el aire viciado y caliente sale de

él. Continúe hasta que se sienta lo suficientemente relajado como para conectar con su yo espiritual.

3. Sabrá que está relajado cuando sienta que puede dejar ir cualquier pensamiento que aparezca en su cabeza.

4. Ahora imagine un rayo de luz que viene del techo, llega a la parte superior de su cabeza y abre su chakra coronario. Observe cómo su chakra coronario se abre como una hermosa flor morada.

5. A medida que la flor se abre, deje entrar las energías, y podrá ver cómo conecta con la espiritualidad divina, abriendo aún más el chakra. A continuación, la luz desciende, limpiando la cabeza, relajando los músculos y abriendo los demás chakras.

6. Cuando la luz llegue a sus pies, continúe hacia abajo, enraizándose a la tierra. En el fondo, sabrá que la parte elevada está ahora abierta para recibir energías superiores.

7. Ahora está conectado tanto a su naturaleza física como a la verdad espiritual. Mientras respira, visualice que le rodea un haz de luz azul. Con cada respiración, la luz se hace más brillante y se sientes felizmente unido con el defensor del reino espiritual, el Arcángel Miguel.

8. Sienta la energía de Miguel flotando a su alrededor, inundando sus chakras. Imagíneselo caminando hacia usted, con su pelo flotando y su espada a su lado.

9. Mientras admira la espada de Miguel, verá a Miguel abriendo sus alas, haciéndole sentir su energía protectora. Se sentirá seguro, en casa e increíblemente agradecido por su presencia en su vida en ese momento presente.

10. Observe el campo de energía que le rodea. Puede que vea elementos más claros y más oscuros; de estos últimos es de los que necesita protección. A medida que el poder de Miguel atraiga los elementos más oscuros hacia el frente, sabrá que le protegerá de ellos.

11. A continuación, Miguel cogerá su espada con ambas manos y cortará cualquier atadura no deseada que amenace su espíritu. Al cortar las ataduras, sentirá una sensación de calor y hormigueo.

12. Después, repita lo siguiente:

    "*A partir de ahora, estaré protegido de las energías nocivas. Sólo la buena energía será permitida en mi campo áurico.*

Te pido, Miguel, que con tu espada me protejas de todo lo que no esté unido a mí a través de la vida y la luz".

13. Mire cómo Miguel levanta de nuevo su espada, bendiciéndole con ella. Espire y vea a Miguel mirándole con sus ojos llenos de bondad.
14. Ahora sentirá que Miguel siempre velará por usted pase lo que pase. Gracias a esto, será un guerrero tan poderoso como sea posible. Agradezca a Miguel su bendición. Deje que las imágenes desaparezcan y vuelva a concentrarse en su respiración. Se sentirá más ligero, más fuerte y más limpio cuando abra los ojos y respire profundamente.
15. Cada vez que necesite un estímulo, recuerde que Miguel está ahí. Puede usar su protección para luchar sus batallas o ayudar a otros a librar las suyas; la elección es suya.

Meditación de protección con el Arcángel Miguel

He aquí otra meditación para invocar los poderes protectores del Arcángel Miguel. Es sencilla y rápida. Puede hacerla, aunque sólo disponga de diez minutos.

Instrucciones:

1. Después de encontrar un lugar apartado, empiece a concentrarse en su respiración. Mientras lo hace, imagine que lo suelta todo al exhalar.
2. Libere todos sus pensamientos y concéntrese en el momento. Note cómo su respiración se vuelve más ligera y establezca la intención de sentirse seguro y protegido.
3. Mientras sigue respirando, sienta cómo se adentra en su interior hasta que se sienta anclado a su yo superior, a su alma y a todos sus deseos.
4. Ahora, llame al Arcángel Miguel, pidiéndole su ayuda. Invítele desde el más elevado de los reinos a unirse a usted.
5. Siéntase libre de imaginar su presencia como se sienta cómodo. Puede ser una figura humana o un orbe azul de luz flotando frente a usted.

6. Cuando él llega, de repente siente que toda la negatividad que le rodea abandona su presencia. Con el Arcángel a su lado, se siente amado y protegido.
7. Pídale a Miguel que le mantenga a salvo y permita que este sentimiento de seguridad y protección que siente ahora le acompañe. Pídale que le proteja allá donde vaya.
8. El Arcángel Miguel atenderá su petición y le otorgará un escudo protector. Este escudo impedirá que nadie tome algo que usted no esté dispuesto a dar.
9. Regodeándose en la seguridad, protección y amor de Miguel, disfrute sintiéndose seguro en este espacio y sabiendo que nada le afectará. Miguel siempre estará a su lado.
10. Dele las gracias por brindarle esa sensación de seguridad y amor. Termine su meditación volviendo a su presencia física. Siempre que necesite sentirse seguro, pídale a Miguel que intervenga y le recuerde que está a salvo.

Encender una vela por el Arcángel Miguel

Encender velas al Arcángel Miguel es otra forma fantástica de hacerle saber que necesita su protección. Puede hacerlo antes de un ritual, oración, meditación o cualquier otra forma de trabajo espiritual. Por ejemplo, puede encender una vela antes de pedirle a Miguel que le envíe una señal en sueños. De esta forma, estará protegido mientras se comunica con él. Puede utilizar cualquier color que desee. Sin embargo, las velas azules son las mejores para canalizar sus poderes protectores. Mientras que las rojas son mejores para la protección contra influencias negativas durante el trabajo espiritual.

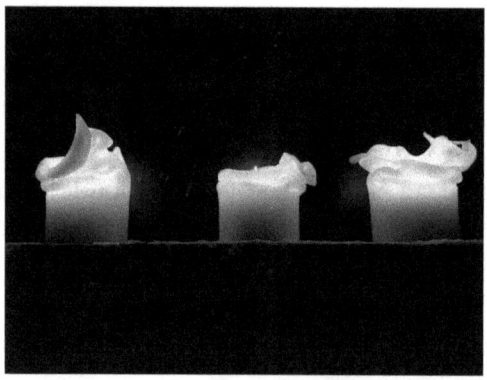

Las velas azules son las mejores para pedir su protección[6]

Instrucciones:

1. Antes de encender la vela, límpiela frotándola entre las manos o en un cuenco con sal. Esto eliminará cualquier energía negativa que pudiera haber recogido antes de llegar a sus manos.
2. Mientras limpia la vela, visualice que sale de ella una luz negra o gris. A medida que la vela se libera de las vibraciones negativas, se vuelve más ligera en su mano.
3. Ahora, concéntrese en su intención y canalícela hacia la vela. Mientras lo hace, frote la vela desde los extremos hacia el centro. En este punto, también puede utilizar aceites de unción (incorporando aceites asociados con Miguel).
4. Cuando esté impregnada con su intención, la vela liberará lentamente su deseo mientras arde, ayudándole a manifestarlo. La vela vuelve a ser más pesada.
5. Encienda la vela y rece una oración a Miguel. También puede recitar un mantra o simplemente cantar el nombre del Arcángel Miguel nueve veces. A continuación, pida a Miguel su protección.
6. Deje que la vela se consuma por completo. Sin embargo, no la deje desatendida y manténgala siempre en un lugar donde pueda vigilarla. También puede colocarla en un plato con un poco de agua en el fondo. Así atrapará las chispas que puedan saltar. La intensidad de la energía negativa de la que necesita protegerse depende de si hay chispas.
7. Siempre que tenga que dejar la vela desatendida, apáguela. Evite soplarla porque esto se considera un insulto al Arcángel Miguel. Si necesita una protección sustancial, vuelva a encender la vela cada día y repita el mismo ritual/oración/mantra cada vez. Si no, enciéndala todos los días hasta que se consuma.
8. Cuando la vela se consuma, observe sus restos. Si contienen hollín oscuro, significa que ha atrapado la negatividad y que ya no tendrá que preocuparse de que le afecte.
9. Para evitar tener que luchar de nuevo contra la negatividad, no toque la vela con las manos. Deshágase de la cera para que sus defensas estén completas y permita que la protección de Miguel le envuelva.
10. Ahora debería sentirse protegido. Si no es así, encienda otra vela, repita todo y pida la protección del Arcángel Miguel.

Capítulo 5: Cómo solicitar la curación

Entre otras cosas, el Arcángel Miguel se asocia a menudo con la sanación. Como Arcángel, sus energías vibran a frecuencias más altas, lo que les confiere poderosos efectos restauradores. Su luz es sanadora, y al conectarse con ella y aprovecharla, puede potenciar su mente, cuerpo y alma y fomentar su curación de acontecimientos traumáticos. Algunos de los métodos que conocerá aquí incluyen meditar con la luz del Arcángel Miguel para sanar su energía y su cuerpo físico, bendecir el agua con la energía de Miguel y utilizar sus símbolos para el Reiki y otros métodos de autocuración.

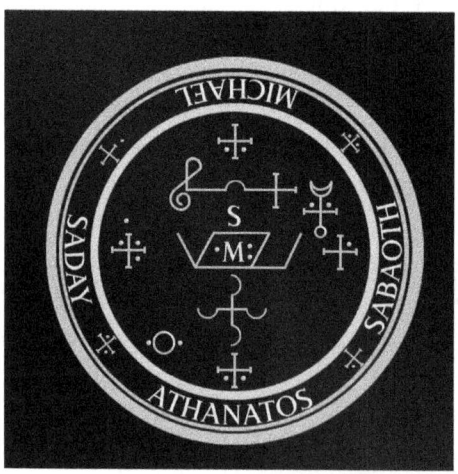

El símbolo reiki del Arcángel Miguel

Crear Agua Bendita con la Energía del Arcángel Miguel

Como a menudo se le asocia con el agua, el Arcángel Miguel puede bendecir el agua con su energía restauradora y protectora. Puede utilizar esta agua para protegerse de las influencias mentales, físicas y espirituales que amenazan su salud y bienestar. Aquí tiene una buena forma de pedirle a Miguel que bendiga el agua con su energía.

Ingredientes:

- 1 taza de agua de manantial.
- 1 cucharada de sal marina.
- Un bol.
- Un tarro con tapa.

Instrucciones:

1. Mezcle todos los ingredientes en un cuenco y viértalos en el tarro.
2. Sostenga la jarra contra el pecho, delante del corazón.
3. Pida a Miguel que bendiga el agua y la infunda con su energía divina. Mientras lo hace, recite la siguiente Oración al Arcángel Miguel:

    "Arcángel Miguel, al estar ante mí

    confío en ti para que me protejas dondequiera que vaya.

    Te pido que bendigas esta agua,

    para que pueda usar su poder para curarme y curar a mis seres queridos.

    En nombre del bien supremo, te pido ahora tus bendiciones.

    Gracias, y espero trabajar contigo".

4. Sienta cómo la luz de Miguel dota al agua de amor y protección.
5. Rocíe el agua sobre su cuerpo según lo necesite para la curación física. También puede rociarla a su alrededor y en su espacio para la curación mental, anímica y espiritual.

Uso del Símbolo del Arcángel Miguel para el Reiki y la Autosanación

La guía del Arcángel Miguel va más allá de la infusión de luz sanadora. Si entabla una estrecha relación con él, podrá aprovechar su energía y capacitarse para la autosanación. Uno de los métodos de autosanación más eficaces es el Reiki, una forma de fortalecimiento espiritual en la que la persona recibe energía restauradora. Esta energía desbloquea y equilibra el sistema de chakras y ayuda a restablecer la salud y el bienestar físico, emocional, espiritual y mental de la persona. Se trata de un método de restauración profunda que sana el espíritu interior y le permite potenciar los demás aspectos del ser humano. A menudo, las enfermedades físicas y mentales están causadas por dolencias del alma. Cuanto más tiempo pase esto desapercibido, más intentará el espíritu llamar la atención de la persona manifestándose en forma de enfermedades o lesiones. Dado que el componente principal en la curación Reiki es la energía, quién mejor para recibir el poder que un ser poderoso como el Arcángel Miguel. La siguiente sesión de Reiki le ayudará a conectar con el Arcángel Miguel para recibir su guía y protección en su viaje de autosanación.

Instrucciones:

1. El primer paso es pedir energía Reiki. Recuerde que Miguel no empezará a darle energía sin más. Necesita su permiso para hacerlo, así que asegúrese de establecer una intención y hacer un esfuerzo consciente para recibir su luz.

2. Prepare las herramientas que vaya a utilizar. Este paso es opcional, ya que no tendrá que utilizar ninguna si no quiere. Sin embargo, los principiantes podrían beneficiarse de herramientas de canalización de energía como cristales y símbolos. Utilice los asociados con el Arcángel Miguel, como cristales azules, imágenes de espadas, plumas, etc.

3. Prepare su cuerpo y su mente para trabajar con la luz del Arcángel. Él le ayudará a abrir canales de sabiduría divina y a comunicarse con el mundo espiritual durante las sesiones de sanación. Sin embargo, para que la curación sea más profunda, debe estar preparado para su presencia.

4. Colóquese en una posición cómoda y cierre los ojos. Concéntrese en canalizar su intención de invitar a la energía de Miguel. Piense en él sentado frente a usted, con la mano extendida, canalizando energía curativa hacia usted.
5. Puede que le envíe un mensaje personal para guiarle en su viaje de autocuración. Si no recibe ningún mensaje, no se preocupe. Concéntrese en las sensaciones que su energía evoca en su cuerpo.
6. Sienta la profunda paz y calma en su cuerpo y mente. Se sentirá tan ligero, casi como si pudiera levantarse de la superficie en la que se encuentra. Estará lleno de amor, consuelo y energía renovada.
7. Si lo desea, recite una oración a Miguel para agradecerle sus bendiciones. También puede utilizar esta oración como recordatorio de su fuerza y valor, que provienen del conocimiento de que Miguel siempre está ahí para guiarle.
8. Aquí tiene una oración que puede recitar al Arcángel Miguel:

    "Te llamo hacia mí, Miguel,

    y doy la bienvenida a tu divina presencia.

    Por favor, ayúdame a desechar las preocupaciones de mi vida.

    Haz brillar tu luz y calidez sobre mí

    En cualquier sombra que aceche dentro de mis energías.

    Para que pueda sanar y tener una vida fértil y productiva

    Y que todo lo que cree esté impregnado de amor, felicidad y libertad de todas las dolencias".
9. A medida que se vuelva receptivo a las energías de Miguel, considerará todo lo bueno que representa. Aumentará su confianza para curarse y ahuyentará todas las cargas emocionales que obstaculizan su recuperación.
10. Recuerde, el amor es más fuerte que cualquier otra fuerza. Miguel le quiere y siempre estará cerca de usted si lo necesita. Le ayudará a desterrar lo que esté afectando a sus energías y a recuperar su salud y su felicidad.

Siéntase libre de hacer lo que quiera cuando reciba energía Reiki potenciada por el Arcángel Miguel. Puede sentarse, tumbarse e incluso realizar actividades como leer o meditar. El único requisito es tener la mente abierta y estar preparado para recibir la energía curativa. En un momento dado, la sentirás fluir; asegúrese de no resistirse. La energía curativa es tan poderosa como la del Arcángel Miguel y puede resultar abrumadora. Aun así, haga todo lo posible por abrazarla. Cuanto antes lo haga, antes podrá desempeñar su papel en la transformación de su salud y bienestar. Durante o después de recibir la energía, es posible que sienta una sensación de calor y hormigueo recorriendo su cuerpo, un zumbido en la cabeza. También puede ocurrir que no sienta nada en absoluto. Esto también es completamente normal, sobre todo para los principiantes que aún no son receptivos al alcance total de la energía. Algunas personas también dicen sentirse cansadas después de recibir Reiki. Esta es una señal de que la luz de Miguel ha surtido efecto y ahora le está capacitando para sanarse a sí mismo. La curación activa un proceso metabólico adicional, que requiere más energía física, y eso puede cansarle. La energía Reiki también puede desencadenar algunos sentimientos o recuerdos no deseados. Si esto le ocurre, simplemente reconózcalos y deje que la energía curativa los expulse.

Meditación curativa del Arcángel Miguel para su cuerpo

Debido a su poderosa energía y a su estatus, el Arcángel Miguel posee una esencia espiritual muy evolucionada, capaz de restaurar los vínculos espirituales y físicos. Él hará lo mismo por usted si le trata con respeto, honestidad y comprensión. Le capacitará para sanar su cuerpo físico de enfermedades y lesiones.

Instrucciones:
1. Centre su atención pensando en aquello para lo que necesita ayuda. ¿Se trata de una enfermedad crónica o aguda? ¿Afecta a una parte concreta del cuerpo o a todo el cuerpo? Cuanto más específico sea al pedir una curación física, mejor.
2. Cuanto más sepa Miguel sobre su enfermedad, mejor. Podrá canalizar su energía allí donde más la necesite, y ninguno de los dos perderá el tiempo durante vuestro viaje de curación.
3. Miguel sólo trabaja por el bien supremo. Si cree que necesita aprender una determinada lección antes de curarse (o curar a quien quiera), no le ayudará hasta que la haya aprendido. Si está seguro de que es el momento adecuado, puede proceder.

4. Cierre los ojos e invoque al Arcángel Miguel. Canalice su luz y confíe en su poder para mejorar su vida.
5. Imagine un orbe de luz azul claro delante del ojo de su mente. Cante el nombre de Miguel tres veces mientras mira la luz para abrir su campo energético.
6. Lleve su conciencia al asunto para el que necesita ayuda y deje que la luz azul le rodee. Al verse envuelto en esta burbuja azul, sienta que actúa como un escudo.
7. Pida a Miguel que elimine todas las energías negativas causantes de los síntomas físicos. Puede que le vea cortar lazos energéticos no deseados con su espada alrededor de la parte del cuerpo afectada o alrededor de todo su cuerpo.
8. A medida que se libera de las ataduras no deseadas, puede que sienta que su cuerpo se tensa, con los hombros y la espalda más rectos, erguido como si fuera uno de los soldados angélicos de Miguel. Esta es una señal de que está listo para luchar contra lo que sea que esté enfermando su cuerpo.
9. Ahora agradezca a Miguel repitiendo el siguiente mensaje:

    "Arcángel Miguel

    Te invoco ahora para que me guíes y me protejas en mi viaje de sanación.

    Dame fuerza y confianza para encontrar mi poder más elevado.

    Envíame señales de que has escuchado mi voz

    Y que estoy protegido en tu amor.

    Gracias por todas las bendiciones que me has concedido hoy".
10. Deje que la imagen de Miguel y su energía se desvanezcan lentamente y vuelva al presente. Siempre que se sienta agobiado por sus síntomas físicos, recuerde su conexión con Miguel; él estará ahí para levantarle y ayudarle a superar sus retos.

Meditación de Luz Curativa con el Arcángel Miguel

Al invocar la luz del Arcángel, puede sanar su energía y mantenerla sana independientemente de sus desafíos emocionales y espirituales. Es un ejercicio sencillo pero profundo que le ayudará a empoderarse espiritualmente y a estar en mejores condiciones para vencer los desafíos de salud.

Instrucciones:

1. Busque un lugar apartado donde no le molesten y póngase cómodo. Cierre los ojos y respire profundamente. Siga respirando profundamente hasta que se sienta concentrado en el momento presente.
2. Note la conexión con la superficie. Relaje los hombros y levante las palmas de las manos hacia el cielo como si estuviera preparado para recibir cualquier bendición.
3. Cuando esté preparado, cierre los ojos. Concéntrese en su intención de dar la bienvenida al Arcángel Miguel a su espacio y pedirle que sane su energía. Abra su mente y su corazón para recibir su energía.
4. Inspire suavemente por la nariz y espire por la boca unas cuantas veces. Deje que su respiración vuelva a su ritmo normal, relaje el abdomen y déjelo todo hasta que su mente se aquiete.
5. Permita que su cuerpo sienta la energía que hay en él y a su alrededor. Esto le ayudará a prepararse para recibir la energía curativa de Miguel. A continuación, repita las siguientes palabras:

   "A través del tiempo y el espacio, invoco al Arcángel Miguel para que esté hoy aquí conmigo.

   Miguel, te pido que vengas con amor incondicional

   Que también traigas tu luz, paz y protección

   Por favor, ayúdame a eliminar las energías oscuras y malsanas

   Ayúdame a eliminar las influencias energéticas que no benefician mi salud

   Guíame hacia mi propia luz única

   Y el amor incondicional que reside dentro de mí.

   Gracias".
6. Respire hondo e imagine que le rodea una hermosa aura. Tiene una luz azul; sienta su energía y deje que inunde su cuerpo. Está a salvo dentro de la luz.
7. La luz azul indica que Miguel está cerca. Llámelo para que se le acerque. Exprese lo que necesita de él y permanezca abierto a recibir su guía y bendiciones. Sienta cómo refuerza su aura con su luz protectora.

8. Miguel le dirá que está a salvo. Utilice esta tranquilidad para centrarse en la curación en lugar de preocuparse por defenderse de las energías maliciosas. Sienta la energía filtrándose en su cuerpo, por encima y a su alrededor, a medida que se infunden en su aura.
9. Absorba la energía curativa y respire profundamente unas cuantas veces para solidificar la sensación de energía recién encontrada en su cuerpo y en su mente. Piense en los sentimientos y energías no saludables que ya no quiere retener.
10. Pida a Miguel que elimine las energías no deseadas. Imagine que el ángel sostiene una espada sobre su cabeza, la baja y traza el aura protectora alrededor de su cuerpo. Corte las ataduras energéticas no deseadas, permitiendo que su cuerpo y su mente se fortalezcan.
11. Sienta la diferencia que supone no tener esas energías no deseadas. Mientras respira profundamente, se sentirá más ligero y más libre. Respire la energía de Miguel. Cuanto más profundamente conecte con sus energías protectoras, más prolongados serán sus efectos en su curación.
12. Pídale que le bendiga con la energía de la confianza y la sabiduría para superar sus retos de salud. Puede decir esto en voz alta o en su mente; Miguel le oirá de cualquier manera.
13. Observe cómo su aura azul se vuelve cada vez más brillante a medida que aumentan su confianza y su sabiduría. Sienta que es apoyado a través de su viaje de salud. Tendrá a Miguel como brújula en los momentos difíciles, y él le proporcionará su fuerza.
14. Siéntese y observe la sensación que recorre su cuerpo. Permítase confiar en que está en el lugar adecuado y en el momento adecuado de su viaje.
15. Respire un poco y, si el potente flujo de energía que ha recibido anteriormente ha hecho que su cuerpo se tensara, relájelo. Sienta el aura que ha construido con Miguel y piense en ella como una conexión permanente con él y con todas las energías curativas del universo.
16. Dele las gracias por las bendiciones que ha recibido y por permanecer a su lado durante su viaje hacia la salud. Recuerde recurrir a su aura cuando necesite apoyo angélico en la curación,

y se conectará inmediatamente con el Arcángel Miguel.

Meditación para restablecer la salud completa del Arcángel Miguel

Como jefe de los Arcángeles y gobernador del Sol, el Arcángel Miguel puede potenciar su viaje de sanación. También puede ayudarle a hacer un reinicio completo para restaurar su salud y vitalidad. Es como reforzar su inmunidad, metabolismo, procesos mentales y salud espiritual, todo a la vez.

Instrucciones:

1. Busque una postura cómoda y cierre los ojos. Concéntrese en sí mismo, dejando de lado los pensamientos mundanos y concentrándose en su intención.
2. Visualice un orbe de luz que aparece frente a usted. Es la luz del Arcángel Miguel. El ángel pronto aparecerá frente a usted.
3. Tómese un momento para sentir su conexión interior con el Arcángel. Puede hacerlo concentrándose en su respiración. Piense que su respiración es su espíritu interior. Al animarla a fluir libremente, está creando una conexión con las energías espirituales que le rodean.
4. Con cada respiración que suelte, el espíritu que hay en usted se conecta más con el espacio que le rodea. Ahora estará conectado con su espíritu interior.
5. Encuentre cualquier área no deseada en su espíritu, y libérela al exhalar. Deje ir sus preocupaciones y sienta la energía protectora de Miguel.
6. Ahora, guíe su visión interior hacia su luz interior, la luz de la conexión y comunicación espiritual. Mírela en su cuerpo. A medida que su cuerpo se ilumina, se hace más y más fuerte.
7. Observe al Arcángel Miguel y sienta su esencia. Preste atención a la sensación en su cuerpo o a cualquier otra señal que el Arcángel pueda enviarle. Puede que vea una luz que aparece delante del ojo de su mente.
8. Cuando se sienta conectado con Miguel, invite a su aura azul a que venga a usted. Dele la bienvenida mientras le envuelve, filtrándose en su ser físico, mental y espiritual. Se sentirá querido y protegido.

9. En la luz azul de Miguel, se sentirá seguro, pero puede que se dé cuenta de cualquier preocupación u otros sentimientos negativos que aún estén presentes. Esto es normal, no juzgue estas sensaciones; simplemente permita que estén. Miguel las verá y utilizará su luz para limpiarlas.
10. Piense en su respiración como una conexión con su luz. Piense en cómo cada respiración que hace elimina esas sensaciones negativas. Una vez que desaparezcan, el escudo de Miguel se pondrá en su lugar, impidiendo que vuelvan de nuevo.
11. Permita que su conciencia salga de su cuerpo y se extienda por el espacio que le rodea. Deje que se eleve más y más hasta que viaje tan lejos como pueda. Disfrute flotando en el espacio.
12. El Arcángel Miguel elimina los bloqueos energéticos dentro de su cuerpo, mente y espíritu. Le recordará que cuando le llame, él vendrá.
13. Permítase sentir plenamente la protección de Miguel, sabiendo que potenciará su salud y bienestar general. Sienta la liberación de esta completa renovación energética.
14. Visualice la luz azul de Miguel brillando sobre usted. Levantará sus brazos y alas, con la luz de su poder irradiando sobre usted, canalizando luz, amor, protección y restauración.
15. Sienta cómo la luz llena todo su ser. Observe cómo brillan sus chakras. Cualquier energía negativa atrapada en los chakras se disuelve, facilitando los procesos de curación en su cuerpo energético.
16. Su cuerpo empieza a sentirse libre de tensiones y dolores. Nuevos caminos de sanación se abren en su mente y alma. Siéntase empoderado, libre y abierto a la verdad y a la gracia que representan las bendiciones angélicas.
17. Abrace los regalos que ha recibido. Pueden ser intensos, pero son muy necesarios. Miguel ha colocado un escudo de protección sobre usted, sintiendo su energía rodeada y potenciada por sus energías protectoras y sanadoras.
18. Tómese un momento para pensar en los mensajes que ha recibido de Miguel y lentamente deje de centrarse en su intención. Respire profundamente unas cuantas veces para volver a su cuerpo y volver a ser consciente de sus sensaciones físicas.

Capítulo 6: Eliminar la energía negativa

El Arcángel Miguel puede ser invocado para desterrar las energías negativas existentes. Este capítulo está dedicado a los métodos prácticos que puede utilizar para expulsar las energías negativas de su cuerpo, mente y espíritu, de su entorno, de su vida y de la vida de sus seres queridos. Desde pedir la ayuda de Miguel durante los rituales de limpieza hasta hacer sales y sigilos desterradores, hay muchas formas en las que este Arcángel puede ayudarle a eliminar las influencias no deseadas de su campo energético y de su entorno.

Ritual de limpieza para desterrar la energía negativa

Este ritual de limpieza le ayudará a desterrar la energía negativa de personas, objetos y del espacio de su casa u oficina. Es un método de limpieza espiritual profunda recomendado para barridos energéticos por primera vez y como preparación para rituales, ceremonias y festividades importantes. También puede utilizarlo cuando se sienta abrumado por energías maliciosas y le parezca que no puede avanzar sin desterrarlas.

Ingredientes:
- 4 velas azules o rojas.
- Un mechero (evite las cerillas, ya que están hechas con azufre, que se asocia con los malos espíritus).

- Portavelas para cada vela.
- Incienso (opcional) La mirra o el olíbano funcionan mejor para la purga energética.

Instrucciones:
1. Busque un lugar donde no le molesten. Apague el teléfono. Si lo hace en casa y tiene niños pequeños o mascotas, hágalo en una habitación alejada de ellos. Si detiene el proceso de eliminación a mitad de camino, no funcionará.
2. Concéntrese en establecer un estado mental fuerte para que pueda seguir adelante pase lo que pase. Tenga en cuenta que dependiendo de la fuerza de las energías negativas con las que esté tratando, podrían intentar resistirse, y usted tiene que ser más fuerte que ellas.
3. Antes de reunirse con Miguel, establezca la intención de pedirle que le ayude para que sepa lo que va a hacer y pueda acompañarle. Si lo desea, puedes incluso rezarle o meditar con él el día anterior y compartir su intención y pedir su protección con antelación.
4. Coloque las velas en las cuatro esquinas de su espacio (dependiendo de la zona que quiera limpiar). Si va a purgar su cuerpo, colóquelas en las cuatro esquinas del espacio que ocupará durante el ritual. Si una esquina tiene un espacio cerrado (como un armario), coloque una vela lo más cerca posible. Mantenga las velas alejadas de papeles, corrientes de aire, cortinas y otros peligros para la seguridad. Las velas podrían chisporrotear debido a las influencias de las energías que está a punto de eliminar.
5. Si está limpiando su casa, encienda primero la vela que esté más cerca de la puerta principal o de la puerta que utilice más a menudo. Si está limpiando una habitación, empiece por la vela más cercana a la puerta. Si se limpia a sí mismo o un objeto, empiece por la que esté más cerca de su izquierda o de la izquierda del objeto que quiera purificar.
6. Si utiliza incienso, enciéndalo antes que las velas. Si no, pase a encender las velas una a una. Cuando encienda la primera, recite la siguiente oración:

"Arcángel Miguel, defiéndeme en esta batalla
Cuando estoy tratando de protegerme contra la maldad,
Y eliminar las malas influencias de (lo que sea que estés limpiando).
Te ruego, oh príncipe de los ángeles, por el poder del creador,
Ayúdame a desterrar los espíritus malignos que buscan la ruina de mi vida y mi trabajo".

7. Repita la oración dos veces más e invoque a Miguel, pidiéndole su ayuda para desterrar las energías malévolas.
8. En sentido contrario a las agujas del reloj, encienda la segunda vela. Mientras lo hace, repita la oración anterior tres veces. Generalmente, mirará hacia el perímetro exterior del espacio porque quiere expulsar la negatividad. Sin embargo, si quiere desterrar la negatividad que causa desarmonía entre las personas del espacio, mire hacia dentro.
9. Después de encender cada vela, repita la oración tres veces y haga su petición al Arcángel Miguel. Abra una puerta o ventana cuando llegue a la última vela y complete la última petición.
10. Si se está limpiando a si mismo o a otra persona, usted o ella debéis situaros lo más cerca posible de la puerta o ventana. Si está limpiando un objeto, acérquelo a la salida abierta.
11. Haga un gesto de barrido hacia fuera que ayude a disipar la energía negativa lo más rápidamente posible. Mientras lo hace, imagine todas estas influencias como humo negro o gris, abandonando el espacio/persona/objeto que desea limpiar. A continuación, diga lo siguiente:

"En el nombre del Arcángel Miguel,
Barro toda la energía negativa
y la discordia de mi presencia".

12. Repita la línea anterior nueve veces mientras continúa con el movimiento de barrido. A continuación, dese la vuelta, mire hacia dentro y repita lo siguiente nueve veces:

"En el nombre del Arcángel Miguel,
Que las energías desterradas sean reemplazadas
Con el poder de los ángeles
Y otros espíritus protectores y benévolos.

Que Miguel me guíe en el futuro
Mientras intento alejar las influencias negativas y malignas.
Que este (espacio/persona/objeto) se llene de luz divina".

13. Deje que las velas se consuman por completo, pero no las deje desatendidas. Apáguelas siempre que no pueda permanecer cerca de ellas. Dependiendo del tamaño de las velas que utilice, pueden tardar hasta una semana en consumirse (incluso más si las apaga varias veces al día). Apáguelas sólo apagándolas. Nunca las sople, ya que es un insulto al fuego celestial.
14. Cuando vuelva a encender las velas, hágalo en el sentido contrario a las agujas del reloj, rezando la oración anterior una vez por cada vela. Esto las recargará con sus intenciones originales.
15. Después de una limpieza exitosa, notará que la atmósfera alrededor del objeto, persona o espacio es más ligera. Es posible que tengan un aura ligera a su alrededor y que sea más fácil utilizarlos o llevarse bien con ellos. Tendrá una sensación de paz y bienestar siempre que esté cerca de la persona/objeto/espacio que ha purificado.
16. Si no nota ningún cambio, es posible que aún le queden energías negativas. En este caso, debe repetir el ritual. Supongamos que su trabajo implica encuentros regulares con influencias malignas. En ese caso, es una buena idea limpiar regularmente sus herramientas, a sí mismo y a su espacio.

Si no puede encender una vela en el espacio que quiere purificar, puede realizar el ritual en otro lugar. Escribir el nombre del espacio impuro en un trozo de papel y debajo de las velas es una excelente alternativa para desterrar energías no deseadas. Miguel seguirá sabiendo dónde quiere realizar la limpieza y le ayudará a hacerlo con eficacia.

Evocación para desterrar el mal

El Arcángel Miguel es el mejor aliado para alejar las fuerzas espirituales malignas y disiparlas de sí mismo y de su entorno. Las fuerzas malignas siempre amenazan con vencer su alma, pero Miguel puede ayudarle a combatirlas. Construyendo una conexión más fuerte con el Arcángel, siempre podrá mantener a raya esas influencias negativas que trabajan incansablemente contra usted. Esto implica evocaciones regulares para la expulsión. La siguiente oración es una de las mejores herramientas para este propósito.

Instrucciones:

1. En un lugar apartado, busque una posición cómoda y concéntrese en su intención de invocar al Arcángel Miguel para que le ayude.
2. Respire hondo y cierre los ojos para dirigir toda su atención a su tarea. En voz alta o en su mente, invoque a Miguel. Cante su nombre varias veces.
3. Cuando pueda verle ante los ojos de su mente, diríjase a él con esta oración:

"Te doy la bienvenida, Arcángel Miguel, la hueste celestial que está frente a mí.

Listo para ayudarme en mi lucha contra las fuerzas del mal.

Tú que valientemente me defiendes contra el daño y la destrucción,

Te ruego encarecidamente que me ayudes también

en este doloroso y peligroso conflicto en el que me encuentro contra mi enemigo espiritual.

Te pido que te unas a mí, Arcángel Miguel, y me permitas luchar valientemente

y desterrar espíritus malignos, a los que ya has derrotado,

y a quienes yo también puedo vencer completamente

Ayúdame a triunfar sobre el enemigo de mi salvación,

Que estés conmigo en todas las batallas que aún tengo que librar".

Creación de sal desterradora

La sal desterradora es una forma estupenda de limpiar espiritualmente el entorno en el que vive o trabaja. Es fácil de preparar con ingredientes que puede tener en la despensa de su cocina o conseguir en una tienda de comestibles, y puede absorber cualquier energía que canalice hacia ella. Por ejemplo, puede pedirle al Arcángel Miguel que mejore su receta de sal, haciendo más efectivo cualquier trabajo para el que la utilice. La mayoría de las recetas de sal desterradora requieren una mezcla de hierbas (secas o frescas), aceites esenciales y algún tipo de sal natural. La siguiente receta utiliza romero, lavanda y sal marina, todos ellos conocidos por sus efectos purificadores espirituales.

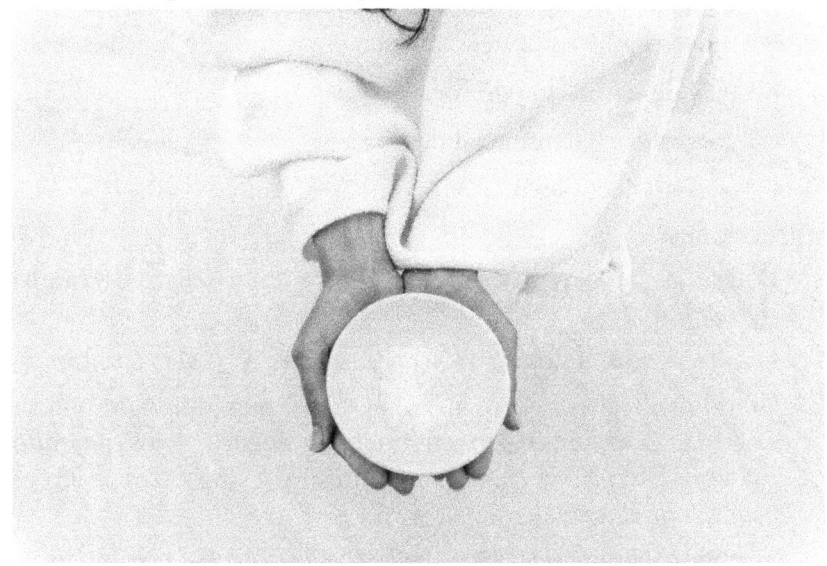

La sal desterradora se utiliza para limpiar el trabajo o el hogar[7]

El romero, una de las hierbas limpiadoras más antiguas del mundo, se utiliza desde hace miles de años para desterrar las influencias malignas. Muchas culturas lo usaban junto con evocaciones espirituales, por lo que también es adecuado para pedir la ayuda de Miguel. Puede usarlo para limpiar su mente, cuerpo y espíritu, hacer rituales de consagración y liberar energías negativas. La lavanda puede usarse para propósitos similares y para traerle paz, tranquilidad, felicidad y alegría. Estas emociones potencian sus energías, permitiéndole limpiar todo su ser más eficazmente. Los poderes protectores de Miguel pueden darle paz, pero también pueden amplificar las propiedades calmantes de la lavanda. También puede ayudarle a canalizar las propiedades calmantes de la hierba para concentrarse mejor durante el trabajo espiritual. Puede permanecer vigilante para protegerse de las influencias negativas y desterrar las que entren en su espacio lo antes posible. La sal marina tiene un efecto rejuvenecedor en la mente, el cuerpo y el espíritu. También puede purificar su hogar y los objetos que utiliza para el trabajo espiritual. Puede utilizar sales desterradoras para eliminar energías no deseadas de su casa, de un objeto, de su cuerpo o del cuerpo de otra persona (en baños).

Ingredientes:
- 1 ramita de romero fresco (o una cucharada de hierba seca).
- 1 ramita de lavanda fresca (o una cucharada de hierba seca).
- 1 taza de sal marina de roca.
- 4 gotas de aceite esencial de incienso.
- 1 cuenco decorativo.

Instrucciones:
1. Ponga la sal y el aceite esencial en un cuenco decorativo y mézclelos.
2. Espolvoree las hierbas sobre la mezcla, pero no las combine.
3. Coloque el cuenco en la zona de la que quiera desterrar la negatividad. Manténgalo en un lugar seguro, lejos de niños y mascotas. Un buen lugar para colocarlo es un estante alto en la esquina de la habitación.
4. Si quiere eliminar la negatividad de un objeto, colóquelo en el cuenco de sal y déjelo reposar allí un rato. Es mejor hacerlo durante la noche u ocho horas antes de utilizar el objeto.
5. Cuando coloque el cuenco en el lugar previsto, pida a Miguel que le ayude con tu intención. Invóquele y diríjase a él con la siguiente oración:

    "Arcángel Miguel, te pido que enriquezcas esta sal con amor y luz,

    Para que pueda usarla para atrapar toda la energía negativa en este espacio/objeto/persona.

    Y desterrarla para siempre. ¡Gracias!".

6. Deje que la sal atraiga las energías negativas durante algún tiempo. Actúe como un imán para el mal, así que dependiendo de cuánta negatividad haya al acecho, esto puede llevar unos días.
7. Si es necesario, puede repetir el proceso preparando una nueva mezcla para atrapar aún más negatividad. También puede colocar varios cuencos pequeños alrededor; esto funciona más rápido en espacios grandes.
8. Si utiliza sal para desterrar la negatividad de su cuerpo o el de otra persona, espolvoréela en el agua del baño y déjela en

remojo durante al menos 30 minutos.

9. Cuando la sal haya tenido tiempo de actuar, cójala y tírela fuera de su casa, junto con la negatividad. Asegúrese de que sale de su entorno para desterrar eficazmente las energías no deseadas.

Creación de un sello de destierro

El sello del Arcángel Miguel es un poderoso símbolo para utilizar en ceremonias y rituales de destierro. Al igual que con cualquier signo asociado con este ángel, el sello se puede utilizar para invocarlo, comunicarse con él directamente, y pedir cualquier ayuda que necesite. Aunque hay muchos sellos del Arcángel Miguel disponibles para obtener los mejores efectos, se recomienda crear uno propio. Requiere algo de práctica, pero no es terriblemente difícil de hacer. Y una vez que domine cómo hacerlo, tendrá una poderosa herramienta para cualquier ritual o ejercicio espiritual en el que quiera incluir a Miguel. Por ejemplo, puede utilizarlo para pedir protección al Arcángel. El sello infundido con el poder de Miguel puede tallarse en objetos y convertirse en un talismán para la protección personal contra las fuerzas malignas. Puede grabarse en velas para potenciar cualquier oración, meditación o invocación para la que lo utilice. Puede dibujarla en un trozo de papel e incorporarla a su trabajo o hacer una copia a gran escala de ella y utilizarla como base para una rejilla de cristal potenciada por el Arcángel Miguel.

Instrucciones:

1. Busque y prepare (imprima) un símbolo de la Rueda Rosa, preferiblemente uno sin añadidos modernos. También puede dibujar uno copiando uno que se adapte a sus propósitos. También necesitará las letras de la versión hebrea del nombre de Miguel.

El símbolo de la rueda rosa[8]

2. Marque las letras del nombre de Miguel en la Rueda Rosa y conecte los puntos que van de la primera letra a la última (de derecha a izquierda). Mientras hace esto, concéntrese en su intención, en este caso, desterrar la negatividad.
3. Ahora habrá creado un sello del Arcángel Miguel infundido con su intención. El siguiente paso es preparar su espacio antes de utilizar el sello.
4. Dese un baño de limpieza y purifique su espacio con incienso o sahumerio. Ahora cargue su signo con su energía sosteniéndolo cerca de su cuerpo y concentrándose en su intuición. Esto lo activará.
5. A continuación, puede rezar, meditar o simplemente preparar su espacio sagrado encendiendo una vela, colocando cristales o haciendo cualquier otra cosa que desee antes de invocar a Miguel.
6. Llame al Arcángel Miguel y pídale que le ayude a desterrar la negatividad de su vida. Si tiene alguna pregunta sobre cómo hacerlo, hágala ahora. Escuche los mensajes que reciba del ángel.
7. Siga los consejos del ángel. Él le ayudará a desterrar las fuerzas malignas.

Limpieza espiritual profunda con el Arcángel Miguel

Este ritual de limpieza y despertar espiritual incorpora una oración para invocar al Arcángel Miguel y a los seres iluminados que trabajan con él para liberarle de todas las influencias energéticas negativas, limpiando su aura y chakras de limitaciones y bloqueos causados por energías maliciosas. Puede actuar tanto contra influencias conocidas como desconocidas. Para obtener los mejores efectos, repítalo durante 21 días consecutivos. Cada día, pedirá al Arcángel Miguel que se una a usted mientras se limpia de todas las negatividades, y esto reforzará su vínculo con él.

Instrucciones:
1. Busque una posición cómoda en un lugar donde no le molesten durante unos minutos. Cierre los ojos y respire profundamente hasta que pueda eliminar todos los pensamientos no deseados de su mente y centrarse únicamente en su intuición.

2. Llame al Arcángel Miguel cantando su nombre tres veces en voz alta. Cuando llegue, recite la siguiente oración:

   "Apelo a ti, Michael, para que calmes mis miedos,

   Y eliminar las fuerzas que interfieren con mis metas y el propósito de mi vida.

   Llego a mi ser superior y cierro mi aura,

   Dejando mis energías abiertas sólo a ti, Miguel,

   Te pido que selles y protejas mis energías,

   Desterrando toda negatividad de ellas".

3. Imagine su campo áurico rodeado por el escudo protector de Miguel. Sienta cómo repele cualquier energía procedente del exterior. Alcance su yo superior y mírese a sí mismo conectando con el escudo de Miguel.

4. Una vez que su yo superior pueda conectarse con el escudo de Miguel, lleve su conciencia a cualquier energía no deseada que aceche en su alma. Utilice su conexión con el escudo para desterrarlas. Mírelas salir de su cuerpo como una nube oscura, expulsadas de la luz brillante que le rodea.

5. A continuación, pida a Miguel que elimine todas las demás influencias espirituales no deseadas que pueda detectar. Recuerde que a menudo hay muchas más energías negativas obstaculizando su crecimiento espiritual de las que es consciente en un momento dado. Afortunadamente, Miguel puede eliminar incluso estas energías.

6. Pida también a Miguel que elimine las limitaciones autoimpuestas. A continuación, pídale que restaure su equilibrio energético. Imagínele revisando sus chakras, restaurando sus funciones, equilibrando su aura y restableciendo sus defensas psíquicas naturales.

7. Pídale que elimine las influencias del pasado, las perturbaciones del presente y también las posibles del futuro. Aunque no puede protegerle de toda la negatividad que encontrará en el futuro, sí puede desterrar la que tiene sus raíces en el presente.

8. Le infundirá energía divina y le liberará de todos aquellos lazos y asociaciones que ya no le sirven. Al darle poder con la energía más elevada, le asegura que sus energías estarán trabajando para el bien superior y el bien de su salud y bienestar.

9. Tómese unos instantes para observar las sensaciones que siente en su cuerpo. Puede que se sienta cálido, ligero y feliz. Puede que esté eufórico y cansado al mismo tiempo. Sin embargo, sabe que ahora está libre de los restos de todas las energías no deseadas, y su energía vibra más alto.

10. A través de estas vibraciones más elevadas, puede sentir la energía de Miguel más claramente que nunca. Dele las gracias a Miguel, y dedique su trabajo futuro a honrarle por esta majestuosa bendición que le ha dado. Dígale que es libre de advertirle y asistirle siempre que necesite limpieza espiritual en el futuro.

11. Deje que la imagen de Miguel se desvanezca lentamente y que su mente se llene de pensamientos mundanos mientras vuelve al momento presente. Tómese unos momentos para sentir su renovada energía y sintonía espiritual y piense en todo el bien que puede hacer ahora que está libre de ataduras no deseadas e influencias malignas.

Capítulo 7: Cristales para conectar con el Arcángel Miguel

En este capítulo, comprenderá qué son los cristales y cómo funcionan. Descubrirá cómo se corresponden con el sistema de chakras y cómo puede utilizarlos para mejorar su bienestar general. Este capítulo también explica cómo puede utilizar los cristales para conectar con el Arcángel Miguel y pedir su apoyo y guía. Por último, sabrá qué cristales utilizar cuando trabaje con este poder superior.

Los cristales se corresponden con el sistema de chakras, y puede utilizarlos para conectar con el Arcángel Miguel[9]

¿Qué son y cómo funcionan los cristales?

Si le gustan los métodos de curación alternativos u holísticos, es probable que haya oído hablar de la curación con cristales. Quienes la practican creen que, si se seleccionan y utilizan correctamente, los cristales pueden canalizar la energía curativa del entorno. Pueden generar vibraciones positivas y revitalizantes y mejorar el estado general mental, emocional, físico y espiritual.

Cada cristal influye de forma única en la mente, el alma y el cuerpo, dependiendo de su color y composición. Cada piedra emite vibraciones diferentes en función de su estructura y de la forma en que sus átomos vibran e interactúan entre sí. Su cuerpo es una estructura electromagnética: la energía no sólo fluye a través de él, sino que también es irradiada e influenciada por sus pensamientos, sentimientos y bienestar espiritual. Siempre que no padezca una dolencia que requiera intervención médica, los cristales ofrecen una forma interesante y divertida de canalizar esa energía hacia una mejor salud.

Aproximadamente el 99,9% de la materia es espacio vacío ocupado por energía. Está en todas partes a nuestro alrededor. Los objetos inanimados, como mesas, libros, teléfonos y, por supuesto, los cristales, están hechos de energía vibrante. Todo en el mundo, incluidos los humanos y cualquier otro ser vivo, tiene una frecuencia vibratoria única.

Piense en la frecuencia vibratoria como en un espectro. Las personas que se encuentran en el extremo inferior están llenas de emociones negativas y no deseadas, como la ansiedad y la ira. Suelen estar controladas por el miedo y no pueden ver los aspectos positivos de la vida. En cambio, las personas situadas en el extremo superior emiten positividad, amor y compasión. Disfrutan de paz mental y siempre ven el vaso medio lleno.

Sin embargo, las energías vibratorias son muy volátiles. Si hoy tiene una frecuencia vibratoria alta, esto no significa necesariamente que la tendrá dentro de un mes. Sus vibraciones fluctúan varias veces al día porque influyen en ellas sus interacciones con los demás, los contenidos que consume, los acontecimientos que suceden a lo largo del día, sus recuerdos, las noticias que recibe, etc.

Los cristales, a diferencia de los humanos, tienen una frecuencia vibratoria estable. Sus estructuras geométricas perfectas, fijas y repetitivas les permiten mantener su energía. Cuanto más estable es una frecuencia vibratoria, más poderosa es. Puesto que las frecuencias vibratorias pueden influir en las energías que las rodean, puede beneficiarse de utilizar la energía estable de un cristal para influir en la suya.

Aunque los estudios científicos no avalan la eficacia de la sanación con cristales para curar dolencias físicas, los cristales se han utilizado para mejorar el bienestar de las personas durante milenios. Existen relatos de antiguos egipcios, griegos, romanos, indios y chinos que utilizaban cristales para protegerse en situaciones potencialmente peligrosas y para tratar ciertas dolencias médicas. Si funcionó en civilizaciones pasadas, no es descabellado pensar que puede ayudar a los humanos de hoy.

Los cristales también pueden ayudar a las personas mediante el poder de la cromoterapia. Aunque no hay pruebas científicas de que la cromoterapia pueda curar dolencias físicas, sí puede apoyar el tratamiento de la salud mental. Cada tono de color irradia rayos que tienen un efecto determinado en las respuestas corporales de las personas y, por tanto, en su comportamiento. Este efecto se produce porque el sol, principal fuente de energía de la Tierra, emite todos los colores del arco iris. Aunque esta mezcla de colores da como resultado una luz blanca, es la única razón por la que se pueden ver tantos colores en el mundo. Al igual que el sol, las gemas tienen y emiten energía y color, razón por la cual responden a la luz.

Si utiliza un prisma para observar los rayos solares, verá el infrarrojo y el ultravioleta, que son invisibles a simple vista, junto con los siete colores del arco iris. Estos nueve colores son las energías centrales del sistema solar, y los ocho planetas y Plutón resuenan con ellas.

Cada planeta irradia una longitud de onda de luz coloreada que coincide con la longitud de onda de la luz emitida por su cristal correspondiente. Cuando se coloca cerca del cuerpo, el cristal absorbe estas longitudes de onda y energías solares y las irradia al cuerpo. Esto favorece el equilibrio del chakra en cuestión y mejora la salud general de la persona.

Cada color tiene cualidades únicas y afecta a un aspecto distinto de su vida. El morado, por ejemplo, tiene una frecuencia más alta que el rojo. Si busca una imagen del sistema de chakras, verá que el chakra coronario, que es el que tiene la frecuencia vibratoria más alta, es morado. Por el contrario, el chakra raíz, que tiene la vibración más baja, es de color rojo.

Cada chakra y su color correspondiente comparten frecuencias vibratorias, por lo que debe determinar los síntomas físicos, mentales o emocionales que desea solucionar o las áreas de su vida que desea elevar. Esto le permitirá determinar el chakra responsable y elegir un cristal del color que corresponda. Por ejemplo, si le cuesta expresarse, puede que necesite restablecer el equilibrio del chakra de la garganta. En ese caso, trabajará con zafiros. Si se siente inestable en la vida o lucha por superar ciertos retos, debe optar por la cornalina roja, por ejemplo, para activar su chakra raíz.

Hay 114 chakras, o centros de energía, en el cuerpo. Los más importantes y populares son estos siete: el Chakra de la Raíz (Muladhara), el Chakra Sacro (Svadhisthana), el Chakra del Plexo Solar (Manipura), el Chakra del Corazón (Anahata), el Chakra de la Garganta (Visuddha), el Chakra del Tercer Ojo (Ajna) y el Chakra de la Corona (Sahasrara). Cada uno de ellos está asociado a diferentes órganos y funciones espirituales, emocionales, mentales y corporales.

Como el chakra raíz tiene la frecuencia vibratoria más baja, se asocia con los elementos básicos de la vida. Tiene que ver con la sensación de seguridad y protección de una persona. Cada chakra representa un aspecto más profundo de la vida que el anterior. Los bloqueos o desequilibrios en los chakras pueden manifestarse como desregulación emocional, problemas mentales o dolencias físicas.

Los cristales que hay que utilizar para cada chakra

- **El Chakra Raíz:** Se corresponde con el color rojo y representa la cualidad de estar enraizado en la Tierra. También se asocia con el sentido de seguridad, protección y supervivencia de una persona.

  Puede trabajar con cristales como turmalina, malaquita, cornalina roja, cuarzo ahumado, rubí, ojo de tigre rojo, calcita roja, hematites, jaspe rojo, cuarzo rojo y granate.

- **El Chakra Sacro:** Se muestra en naranja y representa la energía o inclinación de una persona a buscar el placer, la creatividad, la actividad, la procreación y el deseo.

  Se asocia con cristales como la calcita naranja, el ámbar, el cuarzo mandarina, la piedra de oro, la piedra solar, la broncita, la piedra lunar melocotón, la selenita naranja y el jaspe brochado.

- **El Chakra del Plexo Solar:** Su color es el amarillo y se asocia con la confianza, la sabiduría interior y la asertividad.

Opte por cristales como el citrino, el ojo de tigre, el jaspe amarillo, el heliodoro, el jaspe abejorro, el cuarzo rutilado, la pirita y la aventurina amarilla.

- **El Chakra del Corazón:** Su color es el verde, y es responsable del amor que expresa hacia sí mismo y hacia los demás.

Para trabajar con el Chakra del Corazón, necesita cristales como malaquita, ópalo verde, aventurina verde, rodonita, cuarzo rosa, turmalina rosa, prehnita y amazonita.

- **El Chakra de la Garganta:** Es azul y se asocia con la capacidad de una persona para expresar amable y claramente su verdad.

La calcita azul, la cianita azul, el ágata de encaje azul, la celestita, la angelita, la sodalita, la aguamarina, la turquesa y el cuarzo de aura aqua son ejemplos de cristales que puede utilizar.

- **El Chakra del Tercer Ojo:** Su color es el índigo y se asocia con la intuición, la memoria y la imaginación.

La amatista, el lapislázuli, la lepidolita, la iolita, la labradorita, la fluorita y la apatita son algunos de los cristales que puede utilizar.

- **El Chakra Coronario:** Es violeta y está asociado con su conciencia y la conexión y transformación espiritual.

Puede trabajar con cristales como la piedra lunar, la geoda, la amatista, la ametrina, el cuarzo transparente, el hoplita, la lepidolita, la escolecita, la charoita, la fluorita arco iris, el diamante Herkimer y la danburita.

Cómo estos cristales pueden ayudarle a conectar con los poderes superiores

Gracias a sus propiedades energéticas, los cristales pueden ayudar a las personas a conectar con reinos espirituales y poderes superiores. Su composición les permite influir e interactuar con energías tenues. Cuando utiliza los cristales adecuados para cada aspecto de su vida y trabaja para equilibrar todos sus chakras, puede aumentar su frecuencia vibratoria.

Según la ley de la atracción, atrae a personas y situaciones que se alinean con su frecuencia vibratoria. Para interactuar con cualquier persona a su alrededor, ambos debéis tener la misma frecuencia o, al menos, frecuencias similares. Para conectar con el reino espiritual, debe alcanzar una frecuencia vibratoria más ligera, clara y elevada. Esto requiere que haga varios cambios en su vida, como eliminar las fuentes de negatividad, mantener una actitud positiva, mejorar su sueño y tu dieta, mantenerse activo, nutrir su mente y su alma, y dedicarse al autocuidado.

Aunque puede que no sean suficientes, especialmente si empieza con una frecuencia vibratoria muy baja, los cristales pueden ser un buen punto de partida porque son amplificadores de energía. Siempre que tenga intenciones claras, los cristales pueden facilitar la conexión con el reino espiritual. Sin embargo, para que esto funcione, necesita mantener sus pensamientos y sentimientos alineados con sus intenciones. Si desea conectar con el Arcángel Miguel, debe aclarar esta intención al principio de su práctica espiritual. Haga que sea el centro de su sesión, sabrá en su corazón que es posible y mantenga sus pensamientos positivos. Si siente o piensa que no lo conseguirá, es probable que esto bloquee su manifestación.

Los cristales también sirven como representaciones simbólicas de poderes superiores y entidades espirituales. Se han incorporado a rituales y presentado como ofrendas desde el principio de los tiempos. Cada entidad espiritual está asociada a un cristal que representa las cualidades e irradia la energía que posee. Trabajar con cristales que se corresponden con el Arcángel Miguel puede ayudarle a sintonizar con su frecuencia vibratoria e invocar algunas de sus cualidades. Los cristales también se consideran representaciones físicas de la conexión que tiene con los poderes superiores. Ayudan a tender puentes entre los reinos mundano y espiritual, recordándole que esta interacción es posible.

Cómo conectar con el Arcángel Miguel utilizando cristales

No hay un conjunto de reglas que deba seguir cuando conecta con arcángeles u otras entidades espirituales. Las conexiones espirituales son procesos muy personales e intuitivos. Aunque algunas herramientas y prácticas (como el uso de cristales) pueden facilitar la conexión, debe saber que la interacción en sí se basa en sus intenciones, fe, intuición, creencias y alineación.

Al trabajar con el Arcángel Miguel, ayuda elegir cristales que resuenen con su energía y se alineen con sus necesidades. Si no puede encontrar un cristal que sirva para ambos propósitos, debe confiar en su intuición. Su mente, su cuerpo y su conciencia saben lo que necesitan y le guiarán hacia la elección correcta. Si no está seguro de qué hacer, puede trabajar con un cristal que represente tradicionalmente al Arcángel Miguel para invocar su energía y sus fuerzas y pedirle que le guíe.

También debe crear un espacio sagrado para sus prácticas espirituales. Dedique un lugar cómodo y tranquilo de su casa para todas sus conexiones con el Arcángel Miguel. Puede montar un altar o simplemente decorar un espacio con imágenes de espadas, plumas, escamas u otros objetos que lo representen. Mantenga el cristal elegido en el altar o cerca de usted para facilitar su conexión.

Establezca una intención clara de conectar con el Arcángel Miguel. Puede practicar la respiración u otros ejercicios de conexión a tierra o de atención plena para mantener la concentración si tiene problemas con pensamientos y sentimientos intrusivos. Asegúrese de que sus intenciones son verdaderas y genuinas. Puede declarar verbalmente o de forma consciente que desea conectar con el Arcángel Miguel para recibir su apoyo, guía o protección.

Póngase en una posición cómoda y respire hondo varias veces. Cierre los ojos y empiece sólo cuando se sienta centrado. Sujete el cristal o los cristales que haya elegido cerca del cuerpo. Puede acercarlos al corazón o al chakra del tercer ojo para aumentar su intuición.

Imagine una esfera de luz divina creciendo a su alrededor y bendiciéndole con sentimientos positivos, compasión y protección. Llame al Arcángel Miguel en voz alta o mentalmente, invitándole a entrar en su espacio. Repita su intención e indique la razón por la que invoca su presencia.

No dude en repetir sus palabras si siente que debes hacerlo. Apóyese en sus intuiciones y estese mental y emocionalmente abierto a recibir cualquier mensaje, nuevo pensamiento, revelación o sensación durante su meditación u oración. Es probable que sienta un cambio en la energía que le rodea una vez que él responda a sus esfuerzos. Es probable que su guía se manifieste a través de su sabiduría o conocimiento interior.

Exprese su gratitud hacia el Arcángel Miguel una vez que haya terminado con su práctica espiritual. Esto le mostrará que aprecia su guía y fortalecerá vuestra conexión. Asegúrese de limpiar su cristal antes y después de todas sus prácticas espirituales utilizando agua, sal, luz solar, luz de luna o técnicas de purificación.

Cristales que puede utilizar

Cuarzo transparente: El cuarzo transparente es un cristal polivalente y poderoso que puede utilizar para cargar y limpiar sus otras piedras porque absorbe la energía del sol. El cuarzo transparente es conocido por sus propiedades curativas, ya que repone el cuerpo y el alma. Esta piedra amplifica las energías de otros cristales e intensifica los pensamientos e intenciones de las personas, lo que mejora la manifestación. También facilita la conexión con entidades sobrenaturales y el contacto con el reino espiritual, ya que puede canalizar su energía. Llevar consigo este cristal le ayudará a alinearse con sus pensamientos y su cuerpo. También puede aportar paz y energía positiva a su hogar si lo guarda allí.

Lapislázuli: Este cristal azul profundo está moteado con escamas de oro. Se asocia con el Arcángel Miguel debido a su color y puede apoyar enormemente su práctica espiritual. Trabajar con lapislázuli puede activar el chakra del tercer ojo, permitiéndole conectar con su intuición y sabiduría superior. Esto puede facilitar la conexión con el Arcángel Miguel y otras entidades espirituales. El lapislázuli mejora la comunicación sincera dentro de uno mismo y en las interacciones sociales. Trabajar con esta piedra aumenta la autoconciencia del individuo y le anima a ser honesto y franco.

Sugilita: Esta piedra es muy rara, cara y difícil de adquirir. Esta fascinante piedra se presenta en ricos tonos púrpura. No sólo es hermosa a la vista, sino que también ofrece un gran apoyo espiritual. Por eso es una de las gemas más buscadas del mundo. La sugilita ayuda a las personas a comunicarse con los ángeles y los guías espirituales y protege contra situaciones, pensamientos y sentimientos negativos. Este cristal libera los bloqueos energéticos del cuerpo, facilitando el equilibrio del sistema de chakras. Trabajar con este cristal le proporcionará la claridad emocional y mental que necesita para superar las dificultades con facilidad. Disipa el estrés y la ansiedad y le ayuda a desarrollar la paz mental. La sugilita puede ayudarle a cosechar los beneficios de sus prácticas de meditación, facilitar la curación y atraer la atención hacia percepciones útiles. Al aumentar la conciencia del reino espiritual, la sugilita es una herramienta muy valiosa para quienes desean realizar viajes astrales.

Ámbar: Aunque es una resina de árbol fosilizada y no exactamente un cristal, el ámbar es eficaz para potenciar los poderes psíquicos y aliviar la ansiedad. También atrae la abundancia y la buena fortuna. El ámbar se considera un cristal curativo porque anima al cuerpo a regenerarse y fomenta la pasión y la fuerza. Sus energías protectoras y solares crean un entorno adecuado para conectar con el Arcángel Miguel, que también se asocia con la protección y la guía.

Topacio dorado: Al igual que el ámbar, el topacio dorado está conectado con el sol. Trabajar con este brillante cristal amarillo aumentará su vitalidad y elevará su vibración, creando el entorno ideal para conectar con el Arcángel. Esta piedra también se asocia con la confianza, la manifestación y el auto empoderamiento, lo que le permite invocar algunas de las fuerzas y energías del Arcángel Miguel. Meditar con esta piedra también puede beneficiar a su salud física, ya que ayuda a aliviar la fatiga, la indigestión y los síntomas de la artritis. Puede utilizar esta piedra para manifestar prosperidad, buena fortuna y abundancia y apoyar sus esfuerzos de viaje astral.

Zafiro: Este cristal de color azul vivo está asociado con el Arcángel Miguel y puede abrir un canal de comunicación con él. Trabajar con esta piedra permite fortalecer la intuición y acceder a niveles superiores de conocimiento y sabiduría. El zafiro aumenta la claridad mental y activa el chakra del tercer ojo, lo que permite a las personas aprovechar sus habilidades psíquicas y ser más receptivas a mensajes y comunicaciones de otro mundo. Se puede invocar la energía protectora del Arcángel Miguel trabajando con zafiro para recibir su guía y protegerse de las influencias negativas. Este cristal también ayuda en la comunicación y expresión verbal y energética, lo que conduce a fructíferas conexiones con el reino angélico.

Sodalita: Este hermoso cristal azul se caracteriza por sus vetas blancas. Le animará a apoyarse en la guía de su brújula interior e incluso potenciará su intuición y sus habilidades psíquicas. Trabajar con sodalita le hace más perspicaz espiritualmente, lo que profundiza su conexión con el Arcángel Miguel. Esta piedra puede convertirle en un mejor comunicador, mejorar su concentración y aumentar su claridad mental. Las personas que luchan con la ansiedad y el exceso de pensamiento pueden beneficiarse de la incorporación de este cristal en sus prácticas meditativas y espirituales. Al igual que el zafiro, puede utilizar la sodalita para invocar la energía protectora y guía del Arcángel Miguel.

Apatita: La apatita se presenta en varios colores, como el azul, el amarillo y el verde. Es conocido por ser el cristal de la motivación, la inspiración y la manifestación. Puede trabajar con esta piedra para limpiar el chakra de la garganta y mejorar sus habilidades de comunicación y autoexpresión. La apatita también se asocia con el chakra del tercer ojo, que mejora la intuición y las habilidades psíquicas. La apatita puede ayudarle a ponerse en contacto con su fuerza interior y su coraje, que son algunas de las cualidades que encarna el Arcángel Miguel.

Cianita: Esta piedra índigo es popular gracias a su alta vibración. También tiene cualidades de limpieza energética y se corresponde con la verdad y el equilibrio. La cianita se asocia con la conexión espiritual y la transformación, lo que significa que puede ayudarle a mejorar la comunicación con los poderes superiores y el mundo espiritual.

Su intuición es la clave para conectar con el Arcángel Miguel o con cualquier otro poder superior. Sus intenciones deben ser sinceras y genuinas. También debe creer realmente en su capacidad para invocar al Arcángel y recibir su guía. Aunque el verdadero poder proviene del interior, los cristales pueden apoyar y facilitar su conexión amplificando su intención y refinando su frecuencia vibratoria.

Capítulo 8: Hierbas y Aceites Esenciales del Arcángel Miguel

Este capítulo explora qué son los aceites esenciales y cómo funcionan. Aprenderá a utilizar hierbas y aceites esenciales para mejorar su bienestar general y equilibrar su sistema de chakras. Descubrirá qué aceites corresponden a cada chakra y las distintas técnicas que puede utilizar para activar sus centros energéticos.

Al leer este capítulo, comprenderá por qué los aceites esenciales son poderosos complementos de sus prácticas espirituales. Sabrá cómo utilizarlos para alinear sus frecuencias vibratorias con las del reino espiritual. También aprenderá a utilizar los aceites esenciales para trabajar con el Arcángel Miguel y otras entidades espirituales. Por último, encontrará una lista de aceites esenciales que puede utilizar para conectar con el Arcángel y conocerá sus cualidades, beneficios y propiedades.

¿Qué son los aceites esenciales y cómo funcionan?

Los aceites esenciales se extraen de hojas, raíces, flores, hierbas y otras partes de las plantas. Los aceites esenciales puros capturan toda la esencia de la planta, dando como resultado un potente elixir. Los compuestos de los aceites esenciales tienen fuertes vibraciones energéticas, que es lo que los hace capaces de curar la mente, el cuerpo y el alma. Según la planta de la que proceda, cada aceite esencial tiene propiedades curativas, aromas, propósitos y vibraciones únicos.

Los aceites esenciales pueden utilizarse para conectar con los espíritus[10]

Las hierbas y plantas esenciales se han utilizado para tratar dolencias físicas durante miles de años. Mucha gente sigue recurriendo al anís para aliviar la tos o a la manzanilla si tiene problemas para conciliar el sueño. Sin embargo, la mayoría de la gente no sabe que puede utilizar hierbas y aceites esenciales para conectar con entidades espirituales y recibir su guía.

Cada aceite esencial se caracteriza por ciertas potencias, cualidades y compuestos biológicos que se asocian con determinadas energías angélicas. Así como el zafiro, por ejemplo, permite invocar algunas de las fuerzas del Arcángel Miguel, la frecuencia energética del incienso permite pedirle apoyo. A lo largo de milenios de experimentación y examen de las cualidades de cada aceite esencial, la gente empezó a asociar determinados aceites esenciales con arcángeles específicos.

Los aceites esenciales desempeñan un amplio papel en las prácticas espirituales. Desde servir como aceites purificadores y limpiadores para su espacio y su cuerpo hasta tender puentes entre los reinos físico y espiritual, los aceites esenciales son herramientas indispensables para el crecimiento y el desarrollo espirituales. Puede cosechar todos los beneficios de sus meditaciones incorporando la aromaterapia a su práctica o manifestar sus deseos estableciendo intenciones claras mientras los utiliza como ungüentos.

Al igual que los cristales, los aceites esenciales tienen vibraciones constantes y estables. La mayoría de ellos se caracterizan por sus altas frecuencias vibratorias y su esencia luminosa. Utilizarlos regularmente le permite influir en sus vibraciones, alineándolas gradualmente con la resonancia del reino vibracional.

Aceites esenciales y el sistema de chakras

Aunque puede tomar hierbas o tinturas para tratar determinadas dolencias, puede mejorar su bienestar general utilizando aceites esenciales para equilibrar todo su sistema de chakras. Cada chakra se corresponde con un conjunto específico de aceites esenciales. Puede crear un programa que le permita trabajar cada chakra por separado, empezando por el chakra raíz y subiendo hasta el chakra coronario. También puede determinar sus necesidades y las áreas de la vida que necesita elevar, identificar los chakras que necesita equilibrar y trabajar con los aceites esenciales correspondientes.

Chakra raíz: pimienta negra, vetiver, incienso, pachulí, cedro, nardo y sándalo.

Chakra sacro: ylang-ylang, salvia sclarea, naranja, jazmín, palo de rosa, bergamota, neroli e hinojo.

Chakra del plexo solar: hierba limón, jengibre, clavo, canela, cilantro, enebro, romero, pomelo, mandarina y manzanilla romana.

Chakra del corazón: rosa, melisa, siempreviva, eucalipto, jazmín, milenrama, limón y mejorana.

Chakra de la garganta: geranio, jazmín, árbol del té, menta, salvia, incienso, ciprés y clavo.

Chakra del tercer ojo: palo santo, salvia, rosa, manzanilla, laurel, semilla de zanahoria, jazmín y geranio.

Chakra de la Corona: loto, helicriso, sándalo, nardo, cedro, benjuí, incienso y vetiver.

La aromaterapia es una de las formas más eficaces de utilizar los aceites esenciales. Puede inhalar el aroma del frasco o añadir unas gotas a un difusor. Los difusores son excelentes porque purifican el espacio y permiten inhalar el aroma durante más tiempo. Las diminutas moléculas que inhala influirán en su flujo energético y potenciarán sus pensamientos y sentimientos.

También puede utilizar aceite de jojoba, coco o cualquier otro aceite portador para diluir el aceite esencial antes de aplicarlo en el centro chakra deseado. Masajee la piel en el sentido de las agujas del reloj, cierre los ojos e imagine que el chakra se activa y se equilibra. Asegúrese de comprobar si su piel es alérgica o sensible antes de utilizar cada aceite esencial.

También puede añadir unas gotas del aceite esencial seleccionado al baño o a la toallita de la ducha. Mientras se relaja, dirija su atención hacia el chakra al que se dirige. Piense en las cualidades y el aroma del aceite esencial y en cómo contribuye a su salud general.

Incorpore los aceites esenciales a sus prácticas habituales de meditación, visualización u otras prácticas de atención plena. Elija un espacio cómodo y tranquilo para practicar, y añada unas gotas de aceite esencial a su difusor. Visualice el chakra en un estado luminoso y perfectamente equilibrado. Haga que sea el centro de su atención durante toda la sesión de atención plena.

Independientemente del método que elija, debe establecer una intención clara. Concéntrese en el chakra con el que está trabajando y evite pensamientos intrusivos. Puede realizar un trabajo de respiración o técnicas de conexión a tierra antes de empezar la práctica para despejar la mente y estar totalmente presente.

Tenga en cuenta que los aceites esenciales por sí solos no son suficientes para equilibrar los chakras y mejorar la salud. Si tiene problemas médicos o mentales, consulte a un profesional sanitario. Los aceites esenciales son más eficaces cuando se aplican en un programa de tratamiento holístico. Dé prioridad al autocuidado, siga una dieta sana y equilibrada, duerma lo suficiente y de calidad, haga ejercicio con regularidad, elimine los hábitos poco saludables y participe en actividades edificantes.

Uso de Aceites Esenciales para trabajar con el Arcángel Miguel

Puede utilizar aceites esenciales para trabajar con cualquier Arcángel que desee. Para sacar el máximo partido a su práctica, debe empezar por explorar las cualidades, atributos y funciones únicas del arcángel con el que desea conectar. Explore su energía y comprenda cómo se sentiría al estar en su presencia.

Al Arcángel Miguel se le suele representar como un defensor y un guerrero, lo que significa que es fuerte, valiente y poderoso. La gente suele recurrir a él por sus energías protectoras y de apoyo. El Arcángel Miguel también es el líder de los ángeles y puede ayudar a las personas a superar sus miedos y desafíos. Identificar en qué puede ayudarle el Arcángel Miguel y los aspectos de su vida en los que puede ofrecerle asistencia le permitirá establecer una conexión significativa.

A la hora de elegir los aceites esenciales, debe tener en cuenta los chakras que desea equilibrar y las cualidades de su Arcángel objetivo. En la mayoría de los casos, encontrará algunos que cumplen ambos objetivos. En ese caso, deberá guiarse por su intuición a la hora de tomar la decisión final. Puede alternar entre varios aceites esenciales y diferentes métodos de aplicación, pero debe centrarse en una intención específica.

El uso de aceites esenciales que se alineen con las cualidades y la energía del Arcángel Miguel reforzará su conexión y facilitará el proceso de invocación. Por lo general, debe optar por aceites esenciales asociados a la protección, la tranquilidad, la conciencia superior y la purificación.

Si desea establecer una relación con un poder superior, debe hacer que su espacio sea lo más propicio posible para su presencia. Elija un espacio tranquilo, cómodo y libre de distracciones para dedicarlo a sus esfuerzos espirituales. Limpie el espacio quemando o emborronando hierbas purificadoras como salvia o palo santo. Esto le ayudará a deshacerse de las energías negativas y a protegerse a usted y a su espacio antes de entrar en el reino espiritual. Puede montar un altar y decorar el espacio con objetos, cristales y símbolos asociados al Arcángel Miguel para anclar su intención.

Cualquier práctica espiritual debe comenzar siempre con una intención clara. Póngase en una postura cómoda y practique técnicas de atención plena para aclarar sus pensamientos. Concéntrese en su deseo, cierre los ojos y céntrese. Cuando esté preparado, invoque al Arcángel Miguel, verbal o mentalmente. Explique que desea conectar con él y que busca su apoyo, guía y protección. Mantenga la mente y el corazón abiertos a cualquier señal. Confíe en que han recibido y respondido satisfactoriamente a su petición. Confíe en su intuición y sienta el más mínimo cambio en la energía circundante.

Los aceites esenciales pueden servir como anclas físicas y simbólicas para su intención. Pueden ayudarle a fomentar una conexión más profunda con el arcángel. Utilice un aceite portador para diluir el aceite esencial antes de aplicarlo en puntos específicos del cuerpo, como el chakra del corazón, las sienes o la parte interna de las muñecas. También puede frotarlo en el sentido de las agujas del reloj sobre el chakra con el que desee trabajar. Imagine que se ha formado un puente que le conecta con el Arcángel Miguel. Piense en las cualidades que desea invocar mientras inhala el aroma.

Realice una práctica de meditación que tranquilice su mente y su cuerpo. Esto le ayudará a liberar los bloqueos mentales, físicos y emocionales que dificultan esta conexión. Deje caer los hombros, relaje las mandíbulas y suelte la tensión del cuerpo. Cierre los ojos e imagine que está rodeado de energía protectora, solidaria y compasiva. Este escudo de energía brilla con luz azul, representando la presencia del Arcángel Miguel. Imagine que inhala parte de esta energía con cada respiración. Visualícela llenando y bendiciendo su cuerpo, dándole fuerza, paz y sabiduría. Puede comunicar sus pensamientos y sentimientos y expresar su gratitud hacia el arcángel durante la meditación. Mantenga la mente y el corazón abiertos para recibir cualquier mensaje que él pueda entregarle.

Rezar al Arcángel puede facilitar la conexión y fortalecer su relación con él. Puede recitar oraciones en voz alta o en su cabeza. Puede buscar oraciones dedicadas al Arcángel Miguel o dejar que su intuición le guíe mientras crea las suyas propias. Puede simplemente expresar sus deseos y explicar sus luchas al Arcángel. Agradézcale que se haya tomado el tiempo de escucharle, ofrézcale su ayuda y sea claro con sus intenciones. También puede repetir afirmaciones que encarnen la protección, el valor, la fuerza y otras cualidades del Arcángel. Asegúrese de poder inhalar el aroma del aceite esencial durante toda la práctica.

Exprese su gratitud una vez terminada la práctica y vuelva lentamente al momento presente. Comuníquele que está dispuesto a volver a ponerse en contacto con él y a trabajar constantemente para fortalecer vuestro vínculo. Reflexione detenidamente sobre su experiencia espiritual y sobre cualquier cosa inusual que haya podido notar. Escriba en un diario los mensajes que haya recibido, las percepciones que haya hecho o los pensamientos y sentimientos que hayan aflorado durante la práctica. Piense en cómo la presencia y la guía del Arcángel Miguel resuenan en determinados aspectos de su vida.

¿Qué pasos puede dar para incorporar su guía y sus percepciones a su vida? ¿Qué cambiaría de esta práctica la próxima vez que conecte con el Arcángel? ¿Hay algo sobre lo que no haya obtenido claridad?

Aceites esenciales para conectar con el Arcángel Miguel

Angélica

El nombre de este aceite esencial deriva de la palabra "ángel", ya que posee frecuencias vibratorias elevadas. Incorporarlo a sus prácticas espirituales y meditativas le dará fuerza, le hará estar más centrado, mejorará su resistencia y comodidad y le permitirá sentirse con los pies en la tierra. Puede utilizarlo si desea manifestar apoyo espiritual, curación y valentía y pedir la protección del Arcángel Miguel.

Albahaca

Este aceite esencial es ideal si desea equilibrar su sistema de chakras y animar a su mente, cuerpo y alma a alinearse. Debería utilizarlo si siente que ha perdido el contacto con su entorno y la realidad y necesita ayuda para guiar su atención hacia el panorama general. Trabajar con la albahaca le recuerda el propósito de su alma y su esencia espiritual. Crea un puente entre las realidades mundanas y espirituales. Este aceite fomenta una mayor conciencia espiritual y de uno mismo, una comprensión más profunda de las realidades físicas y de otro mundo, y el despertar intuitivo.

Canela

Trabaje con aceite esencial de canela si tiene problemas con pensamientos y sentimientos negativos. Le ayudará a manifestar positividad y felicidad y a calmar la ansiedad, el estrés y la tristeza. Utilice el aceite esencial de canela cuando sienta que es menos compasivo y generoso de lo habitual o no haya sido capaz de expresar su amor y gratitud hacia los demás. El aceite de canela reforzará su autocompasión y le recordará que usted también es digno y querido.

Geranio o Geranio Rosa

Muchas personas subestiman la importancia de reconocer y consolar a su niño interior. Esta parte del ser humano nunca flaquea, no importa la edad que tenga. Al crecer, es posible que se haya encontrado con experiencias emocionalmente perturbadoras que le afectan hasta el día de hoy. Los problemas mentales y emocionales pueden mantenerle atascado en una frecuencia vibratoria baja, obstaculizando su capacidad para participar eficazmente en prácticas espirituales y conectar con entidades de otro mundo. Debe ponerse en contacto con su niño interior para resolver cualquier problema emocional o mental causado por su pasado.

El aceite esencial de geranio puede ayudarle a conectar con su niño interior para liberar cualquier bloqueo emocional o mental con el que esté lidiando. Este aceite debe utilizarse con precaución, ya que puede desencadenar fuertes reacciones emocionales. Incorporarlo a sus prácticas facilita su capacidad de invocar al Arcángel Miguel para que le tranquilice y reconforte. También le dará una visión de las oportunidades y riesgos potenciales con los que se puede encontrar. El hecho de que este aceite tenga un aroma sutil, floral y dulce también es una ventaja.

Sándalo

En general, el aceite esencial de sándalo puede ayudarle en sus esfuerzos espirituales. Le ayuda a entrar en estados de meditación o trance, lo que facilita la conexión con vibraciones energéticas superiores y el contacto con su yo superior. El sándalo también favorece la comprensión y refuerza el vínculo con el resto de la humanidad. Le permite sentirse presente tanto en el mundo físico como en el espiritual. El aceite esencial de sándalo también ayuda a crear un entorno propicio para la oración, los rituales, el trabajo de base y la meditación.

Incienso

Este aceite esencial es un gran complemento para el trabajo psíquico o espiritual, especialmente si aún es principiante. El incienso es un aceite esencial protector que evitará que entre en estados mentales o frecuencias energéticas para los que aún no está preparado. También aleja las energías negativas de los usuarios, permitiéndoles mejorar su frecuencia espiritual y preparándolos gradualmente para conexiones más elevadas y profundas. Está naturalmente alineado con los asuntos de otro mundo, por lo que es el aroma ideal para pedir la ayuda del Arcángel Miguel. El incienso también es eficaz para expresar su gratitud hacia las entidades espirituales y enviarles sus oraciones. Este aceite esencial mejora la regulación emocional y la compasión. Le hace más comprensivo con los demás y más tolerante con su entorno.

Mirra

El aceite esencial de mirra ahonda en el funcionamiento interno del alma y la psique humana, donde existen innumerables retos emocionales y mentales. Nada le retrae tanto como aferrarse a situaciones que están fuera de su control, arrepentimientos y heridas emocionales. Sin embargo, trabajar con mirra le da la fuerza que necesita para seguir adelante y perdonarse a sí mismo y a los demás. Ofrece la paz interior y la sensación de calma necesarias para tomar decisiones con claridad y desatar los nudos de la mente, el corazón y el alma. Este aceite esencial también ayuda a relajarse físicamente. Descansar es esencial para progresar material, emocional, mental y espiritualmente. Al igual que el incienso, la mirra fomenta la compasión y la aceptación. Utilícela en sus meditaciones para facilitar la iluminación espiritual y nutrir sus capacidades psíquicas.

Naranja

Este aceite revitaliza la mente, el espíritu y el alma. Llena el corazón de alegría. El aceite esencial de naranja posee una esencia energizante que favorece la transformación y la regeneración. Utilizarlo regularmente en su aromaterapia puede ayudarle a superar sus obsesiones y miedos. Las personas que trabajan en campos creativos e innovadores pueden beneficiarse de este aroma porque potencia su imaginación y da rienda suelta a sus habilidades creativas. El aceite esencial de naranja también aporta la presencia alegre e inspiradora del Arcángel Miguel a su vida diaria.

Romero

Recurra al aceite esencial de romero si se siente perdido en su viaje espiritual. Puede llamar su atención sobre conocimientos y percepciones que haya pasado por alto y le recordará la esencia misma de su ser. El romero le mantiene conectado a tierra y consciente de que, en última instancia, es un ser espiritual que habita un cuerpo físico para explorar, disfrutar y aprender de las experiencias mundanas. Es un aceite polivalente que purifica el cuerpo y el espacio e invoca la naturaleza curativa, protectora, orientadora y compasiva de los ángeles.

Menta aromática

Este aceite esencial puede empujar su espíritu hacia oportunidades de comprensión más profunda. Trabajando con él, aprenderá a apreciar todo lo que hay en su vida y a reconocer que todo ocurre con un propósito. La menta aromática enseña a esperar pacientemente a que se revele la verdad. Este aceite esencial tiene un efecto calmante sobre la mente y el cuerpo. Mantiene a raya los pensamientos negativos y eleva el aura en general. La aromaterapia con menta le hace más perceptivo y receptivo. Le hace más sensible a los mensajes angélicos y a los intentos de conexión. Utilice este aceite para mejorar su autoconciencia y estado de alerta, incluso en sus estados mentales inconscientes. Esto le permitirá ampliar sus conocimientos y reflexionar sobre la sabiduría que adquiere del reino espiritual.

Los aceites esenciales se encuentran entre las herramientas más poderosas y eficaces que puede utilizar para mejorar sus prácticas espirituales. Puede experimentar un crecimiento y un desarrollo espiritual sustanciales si aprende a seleccionar cuidadosamente los aceites esenciales adecuados para sus necesidades, a establecer intenciones claras de invocación y a utilizarlos correctamente para el fin previsto. Aunque no puede confiar en los aceites esenciales para transformar su salud y bienestar general, puede utilizarlos como apoyo a su rutina holística de autocuidado. Antes de aplicarlos sobre la piel, compruebe si es sensible o alérgico.

Capítulo 9: Rituales diarios

Debido a su poder de largo alcance, las habilidades de los Arcángeles alcanzan a toda la humanidad y hasta la última vida individual. Aunque Miguel no es un ángel de la guarda personal, siempre está disponible para ayudarle en lo que sea necesario, independientemente de las circunstancias. Es un ser de luz y energía de alta frecuencia, capaz de apoyarle en cualquier momento. Sin embargo, pedirle ayuda siempre que sea necesario y expresar su gratitud por sus bendiciones no son las únicas formas de establecer una conexión con él. Para construir un vínculo más profundo, debe nutrirlo a través de prácticas diarias. Recuerde que él está ahí para velar por usted. Pero no intervendrá a menos que sea realmente necesario.

Para trabajar con él con regularidad, debe mantener una línea de comunicación activa entre ambos. Incluso dedicar de 5 a 10 minutos al día a este fin es suficiente. Puede pedirle a Miguel que esté con usted, que se siente con usted o que le acompañe cuando pase tiempo con sus amigos y familiares. Tampoco tiene por qué ser sólo para que le cure, le guíe o le aleje de las energías negativas. Puede invocarlo para que os haga compañía a usted y a sus seres queridos. Es un protector. Estará encantado de pasar tiempo cuidando de todos los que se lo pida. A través de este proceso, desarrollará su conexión con él, llegará a conocerle mejor y afinará su intuición para descifrar mejor sus mensajes. Este capítulo final proporciona algunos consejos útiles y rituales para conectar con el Arcángel Miguel, como oraciones, meditaciones y el uso de objetos asociados con él.

Afirmaciones matutinas con el Arcángel Miguel

El Arcángel Miguel está ahí para apoyar su experiencia desde que se despierta hasta que se duerme y, a veces, incluso después. Sin embargo, su mente está más fresca y relajada justo cuando se despierta tras una buena noche de sueño, por lo que éste es el mejor momento para dirigirse a Miguel. Puede pedirle que le bendiga con su luz protectora y su amor, o que le guíe a lo largo del día si espera encontrarse con algún desafío.

Esta es una afirmación que le ayudará a invocar la energía de Miguel y a sentir su presencia a lo largo del día:

"*Me siento bendecido por el amor y la luz del Arcángel Miguel.*

Siento la presencia amorosa de Miguel velando por mí.

Hoy, pido guía y el coraje para actuar en consecuencia.

Pido que la armonía y la paz llenen mi vida y me acompañen a lo largo del día.

Hoy, pido guía para tomar mejores decisiones,

para poder convertirme y expresar la mejor versión de mí mismo.

Te doy las gracias, Michael, por acompañarme a lo largo de este día".

A medida que diga esta afirmación día tras día, sentirá que su vínculo con el Arcángel Miguel crece, se hace más formidable y se llena de luz. Su intuición crecerá, permitiéndole ser más consciente de su presencia y confiar en la guía que le proporciona. Cuando le pida que le acompañe, hágalo con una mentalidad positiva y sabiendo que estará plenamente presente. Puede que sus mañanas sean ajetreadas, pero Miguel estará ahí para ayudarle. Él se asegurará de que se llene de serenidad y alegría y de que sepa que tiene el poder de tomar el control del caos.

Sanación matutina con el Arcángel Miguel

Uno de los principales requisitos para tener una mente sana es tener un cuerpo sano. Para ello, necesitar dormir bien por la noche para evitar las prisas y empezar bien el día. Cuando se despierte, dedique tiempo a una rutina saludable y a un ritual dedicado al Arcángel Miguel. Tanto si opta por un desayuno saludable como por un agua de limón vitalizante, puede pedir simplemente al Arcángel que la bendiga por usted.

Simplemente sosténgala delante de usted y pídale que la purifique. Imagínese que la limpia con su luz. De este modo, podrá aprovechar aún más sus beneficios para la salud. Nutrirá cada célula de su cuerpo con energía positiva, manteniendo a raya su salud y su bienestar general.

Saludo al sol

Saludar al sol es otra forma poderosa de invocar la energía de Miguel, ya que se le asocia con su calor nutritivo.

Así de fácil es convertirlo en su ritual matutino:

1. Al levantarse de la cama, gire hacia la ventana (ábrala si está cerrada y el tiempo lo permite). O mejor aún, salga al balcón o al jardín.
2. Mire al cielo (no directamente al sol), y diga lo siguiente:
   "Te saludo, Arcángel Miguel, el soberano del magnífico sol.
   El Jefe de los Arcángeles y el Príncipe del Ejército Celestial.
   Que tu luz brille hoy sobre mí,
   como lo hace el sol esta mañana".
3. Sienta la energía del sol impregnando su cuerpo.
4. Pídale a Miguel que le guíe o le proteja enviándole una petición silenciosa o simplemente convirtiéndola en su intención del día.
5. De las gracias al Arcángel y vuelva a prepararse para el día.

Ritual del té del Arcángel Miguel

¿Qué mejor manera de honrar al Arcángel Miguel un domingo por la tarde que con una vigorizante taza de té? Puede utilizar flores o hierbas asociadas a él o cualquier mezcla especial que le haga sentir fortalecido cada vez que la beba.

Instrucciones:

1. Prepare su té y pida al Arcángel Miguel que lo bendiga.
2. Encienda el incienso que le haga sentir en paz y con los pies en la tierra. Hay mezclas de té ya preparadas que puede comprar, pero las que prepares usted mismo tendrán un efecto mucho más poderoso.
3. Agradezca de antemano a Miguel su guía y sus bendiciones.

4. Beber té enriquecido con su luz le ayudará a ponerse en contacto con su yo superior, escuchar su intención y ser consciente de los mensajes angélicos que podría recibir en un futuro próximo.

Meditación diaria de conexión a tierra

Tómese cinco minutos y haga una meditación de respiración sanadora con el Arcángel Miguel. Tiene efectos increíblemente reparadores en su mente, cuerpo y espíritu. Tanto si necesita poder para curarse de un trauma como si quiere mantenerse sano, Miguel puede ayudarle a conseguir sus objetivos. Puede hacerlo en cualquier momento del día.

Instrucciones:
1. Busque una posición cómoda en un lugar apartado.
2. Ponga música suave de fondo o disfrute de la serenidad del silencio, lo que prefiera.
3. Pida al Arcángel Miguel que libere cualquier bloqueo energético que tenga.
4. Sea consciente de la sensación del aire que entra y sale de su nariz durante cinco minutos.
5. Cada vez que su mente empiece a divagar mientras se concentra en la respiración, simplemente vuelva a la sensación del aire frío que entra y el aire caliente que sale de sus pulmones.
6. Termine la meditación dando las gracias a Miguel y volviendo a la habitación.
7. Disfrute de tener la cabeza despejada mientras hace o pone en marcha sus planes para el día.

Ritual de fijación de objetivos

La mejor manera de asegurarse de que podrá cumplir sus objetivos es establecerlos mientras el Arcángel Miguel le guía. Él puede ayudarle a establecer objetivos que contribuyan a las metas de su vida, facilitando su consecución independientemente de los obstáculos que pueda encontrar en el camino. Siempre que desee determinar objetivos a corto o largo plazo, piense en el Arcángel Miguel e invóquelo en silencio. Tanto si se trata de una lista de tareas para el día o la semana como de conseguir un ascenso, será mucho más fácil mantener la disciplina hasta alcanzar el objetivo si sabe que Miguel está ahí para guiarle y protegerle durante el proceso. También puede invocarlo para que potencie sus entrenamientos diarios como parte de su viaje de sanación.

Ritual de orientación

El siguiente ritual le resultará útil si quiere recibir la guía del Arcángel Miguel. Por ejemplo, puede pedirle que le ayude a protegerse a sí mismo y a los demás, que le libere del miedo y de ataduras no deseadas, o incluso que descubra la verdad que hay detrás de algo.

Instrucciones:

1. Camine durante al menos 15 minutos, preferiblemente al aire libre, donde pueda estar más cerca de la naturaleza. Durante ese tiempo, piense en todo lo que agradece en su vida. Puede ser algo tan sencillo como sentir la luz del sol en sus mejillas esa mañana, el olor del aire fresco, el piar de los pájaros o algo tan conmovedor como la cálida sonrisa de sus seres queridos.

2. Vuelva a casa, busque una silla cómoda y siéntese con los pies tocando el suelo. Después, cierre los ojos y repase la lista de bendiciones por las que se ha sentido agradecido durante el paseo.

3. Tenga una imagen clara de estas bendiciones en su mente. Ahora, establezca la intención de llamar al Arcángel Miguel. Pídale su aprobación antes de proceder. Es muy probable que en este momento reciba consejos para cambiar el curso de sus pensamientos. Si es así, escúchelo y actúe en consecuencia.

4. Cuando sienta que puede continuar, respire lenta y profundamente unas cuantas veces antes de exhalar lentamente. Luego, diríjase a Miguel con las siguientes palabras:

   "Bendito Arcángel Miguel

   Estoy agradecido por todas las bendiciones de mi vida.

   Gracias por tu guía, sanación y amor.

   Te pido que te unas a mí ahora, ya que necesito tu ayuda de nuevo".

5. Haga una pausa. Si ha sentido la presencia de apoyo del Arcángel, puede continuar. De lo contrario, repita su petición tantas veces como sea necesario.

6. No se preocupe si no recibe una respuesta de inmediato. Si ha expresado su preocupación con suficiente claridad, Miguel sabrá

cómo y cuándo ayudarle. Su ayuda puede llegar cuando menos se lo espere, así que prepárese para recibir un mensaje suyo en cualquier momento del día. Por ejemplo, si realiza este ritual antes de acostarse, puede que reciba una señal suya por la mañana o en sueños.

7. Termine el ritual agradeciendo al Arcángel Miguel su guía y apoyo.

Meditación del chakra del corazón

La meditación de los chakras no tiene por qué ser un ejercicio profundo que lo consuma todo. Simplemente dedicar unos minutos a tomar conciencia de los chakras y su energía una vez al día hará maravillas para mantener la mente, el cuerpo y el alma sanos. Esto será particularmente efectivo si lo hace con la ayuda del Arcángel Miguel.

Instrucciones:

1. Siéntese o túmbese en un lugar donde no le molesten y tome conciencia de su conexión con el Arcángel Miguel.
2. Cierre los ojos y respire profundamente. Haga un sonido de "Aaah" mientras suelta el aire. Repítalo hasta que sienta una vibración en el centro del pecho.
3. Cuando lo haga, sabrá que la energía ha tocado su chakra del corazón, el centro de la compasión y el amor.
4. Cuando sienta que su chakra del corazón vibra a una frecuencia más alta, respire profundamente tres veces y siga diciendo "Aaah" al exhalar.
5. Al mismo tiempo, visualice la energía que llena su cuerpo a través del chakra del corazón hasta que se sienta lleno de amor divino.
6. Visualice al Arcángel Miguel erguido frente a usted con su espada azul flameante a su lado. Una vez que pueda sentir su presencia a su lado, olvídese de su respiración y empiece a hablarle.
7. Dígale a Miguel todo lo que quiera comunicarle en ese momento, aunque sólo sea gratitud por sus bendiciones.
8. Cuando haya terminado, agradezca al Arcángel que se haya unido a usted, suelte su imagen y vuelva lentamente a su presente.

Objetos asociados con el Arcángel Miguel

A menudo se representa a Miguel con un manto azul o con su cuerpo y su espada rodeados de una llama azul eléctrico que emana energía divina. Esto alude a la asociación de Miguel con el color azul, que puede utilizar para honrarle en su vida diaria. Puede vestirse de azul, morado y rojo; estos colores representan el poder, la protección amorosa y la compasión de Miguel, respectivamente. Cuando se ponga la ropa que llevará en su honor, invoque su guía y su amor. Esto será especialmente eficaz si piensa ponerse esa ropa para hacer algo importante, como una entrevista de trabajo. Miguel apoya sus creencias fundamentales y, al estar representado a través de sus colores, formará parte de cualquier conversación que mantenga sobre sus valores. No dejará que la intimidación, la duda y el miedo le obstaculicen, ya vengan de usted o de otros. También puede llevar talismanes y amuletos que simbolicen la energía de Miguel.

Dicho esto, no es necesario llevar nada relacionado con Miguel para aprovechar sus poderes. A veces, basta con imaginarlo sobre usted o a su alrededor. Por ejemplo, cuando se sienta rodeado de energía negativa, puede imaginarse rápidamente envuelto por el manto azul de Miguel, y sentirá que la negatividad se disipa.

Si quiere alejar la negatividad y la enfermedad de su hogar, imagine pequeñas espadas cortando la cuerda de la negatividad y ahuyentando las dolencias. Todos y todo dentro de su casa estarán protegidos, y todo lo que hizo para que eso sucediera fue invocar el poder de Miguel durante 5 a 10 minutos al día. ¿Está luchando contra miedos o fobias que desea superar desesperadamente? Imagínese a Miguel a su lado, diciéndole que puede superarlo todo. Por ejemplo, si tiene miedo a hablar en público, puede practicar hablando mientras sostiene una pluma y se pone delante del espejo durante 5 a 10 minutos cada día. Mientras lo hace, concéntrese en la energía de Miguel dándole poder.

Uso de talismanes del Arcángel Miguel

Si busca un ritual diario más práctico para honrar al Arcángel Miguel, el siguiente puede ser el adecuado para usted. Incorpore piedras preciosas y objetos asociados con este ángel. Dependiendo de su propósito, utilice cualquiera de los colores correspondientes a Miguel, desde el azul hasta el púrpura y el rojo. También puede utilizar el amarillo o el dorado (para representarlo como el gobernador del sol) o el blanco (para invocar simplemente el poder divino universal).

Instrucciones:
1. Póngase cómodo, cierre los ojos y tome en sus manos el objeto o los objetos que ha elegido utilizar.
2. Respire lenta y profundamente de 3 a 5 veces y pida al Arcángel Miguel que se una a usted. Si utiliza más de un objeto, repita esta operación con cada uno de ellos.
3. Concéntrese en las sensaciones que tiene cuando sostiene el objeto o los objetos. Puede que note una diferencia en sus energías. O puede que se dé cuenta de que el ángel está con usted al sentir una sensación de calor y hormigueo por todo el cuerpo.
4. Si no siente ninguna reacción, inténtelo de nuevo. Si no ocurre nada de inmediato, no se preocupe. Puede que reciba un mensaje ese mismo día o al día siguiente.

Agradecimiento al Arcángel Miguel

Como parte de su ritual diario para honrarle, debería dedicar unos minutos a agradecer al Arcángel Miguel todas sus bendiciones. No necesita tener ningún motivo específico para invocarle. Puede acercarse a él y agradecerle los retos que le ha ayudado a superar. Por ejemplo, antes de acostarse, puede decir:

"Gracias, Arcángel Miguel, por mantenerme a salvo hoy.
Gracias por hacerme sentir protegido,
y traerme paz interior al final de este día".

Imaginar al Arcángel Miguel disipando influencias malignas

Suponga que alguna vez se siente perturbado por influencias energéticas negativas a lo largo del día. En ese caso, puede pedir al Arcángel Miguel que le ayude a disiparlas. Hágalo antes de acostarse; el ángel trabajará para usted durante la noche, permitiéndole despertar libre de negatividad al día siguiente.

Instrucciones:
1. Encienda una vela, siéntese frente a ella y cierre los ojos.
2. En su mente, imagine al Arcángel Miguel sosteniendo su espada y tendiéndosela. Mírelo cortando la negatividad de su vida, dándole la fuerza y la protección que necesita.
3. Luego, imagínelo atrapando toda esa negatividad que cortó de su vida en una red blanca, atrapándola para siempre para que regrese a su lado.
4. Respire hondo, suéltela y se sentirá más ligero.
5. Dele las gracias al Arcángel Miguel, apague la vela y váyase a la cama.

Pida ayuda al Arcángel Miguel

Puede pedir ayuda al Arcángel Miguel para cualquier cosa con la que tenga problemas; él estará encantado de ayudarle. Es un ritual matutino o nocturno muy eficaz para alejar cualquier temor que le impida vivir su vida al máximo. Tenga en cuenta que la ayuda puede llegar de formas inesperadas (como que se mantenga alejado y le envíe ánimos para asegurarse de que puede hacerlo por usted mismo), pero siempre le fortalecerá espiritualmente.

Instrucciones:
1. Busque un lugar apartado para dirigirse a Miguel. Invóquelo cantando su nombre en voz alta o en silencio en su mente.
2. A continuación, pídale lo que desee. Puede ser algo tan sencillo como que le conceda un viaje seguro en sus vacaciones o en su viaje de negocios, que le ayude a llevar a cabo una conversión emocionalmente difícil con un ser querido o que le mantenga a usted y a todos sus seres queridos a salvo durante una tormenta.
3. Agradezca de antemano a Miguel su ayuda y continúe con sus actividades cotidianas.

Diario con el Arcángel Miguel

Escribir un diario es otra forma muy efectiva de mantener su conexión con el Arcángel Miguel. Al pensar en lo que desea decir, ya está concentrando sus energías en su vínculo con él. Al escribirlo, está creando un registro tangible de su conexión con él. Aunque él no necesita ver sus palabras, le ayudarán a ver sus progresos a medida que vuestro vínculo se desarrolla y aprende a trabajar con él de forma eficaz. Con suficiente práctica, puede que incluso note que Miguel le contesta mientras sigue escribiendo su mensaje, lo que establecerá una línea de comunicación activa.

Instrucciones:

1. Coja su diario y busque un lugar tranquilo donde pueda concentrarse en lo que desea escribir. Puede escribir cualquier petición para resolver problemas que le afecten a usted o a alguien cercano. O, simplemente, anote lo que tenga en mente. Este es un ejercicio excelente para la noche, ya que le ayuda a organizar y calmar sus pensamientos, para que no le molesten durante la noche.

2. Siéntese recto, con los hombros relajados y los pies firmemente plantados en el suelo. Esto le ayudará a sentirse conectado a tierra y cerca de la naturaleza. No hay forma más rápida de conectar con Miguel que con la energía universal de la naturaleza que recorre todos los seres.

3. Respire hondo varias veces. Cuando sienta que su energía se asienta y su mente se centra en su intención, continúe.

4. Pida a Miguel Arcángel que se una a usted y empiece a escribir. Asegúrese de dirigirse a él como a un amigo mientras escribe. No se preocupe por si lo que escribe tiene sentido, está en orden cronológico o es gramaticalmente correcto. El objetivo es aclarar cualquier problema que pueda tener y resolverlo con la ayuda de Miguel.

5. Termine sus reflexiones dando las gracias a Miguel por leer sus mensajes. Cierre los ojos y encienda una vela. Piense en su consulta, siéntase libre de decir cualquier otra cosa que desee que Miguel sepa y, a continuación, apague la llama de la vela.

6. Mientras ve humear la vela, lleve su mensaje a Miguel, dele las gracias de nuevo y váyase a la cama. Puede estar seguro de que recibirá noticias del Arcángel Miguel cuando sea el momento adecuado.

Extra: Hoja de correspondencias

Este capítulo extra incluye todas las correspondencias asociadas con el Arcángel Miguel.

El día de la semana

Dada su asociación con el Sol, el día de la semana correspondiente a Miguel es el domingo. Este es el día en que sus poderes son mayores y cuando es mejor invocarle. Dependiendo de sus preferencias, puede honrarle los domingos con oraciones, meditaciones y rituales dedicados a él o a cualquier intención en la que pueda ayudarle. Los domingos, Miguel puede ayudarle a afrontar verdades dolorosas, a protegerse de influencias nocivas y a curarse mediante el descanso y la elevación espiritual.

Festivales y fiestas

Hay varios días del año asociados a Miguel. Uno de los más destacados es la fiesta de San Miguel, que se celebra el 29 de septiembre en la parte occidental del mundo. Esta tradición tiene su origen en Frigia (Turquía). La Iglesia Católica Romana celebra al Arcángel Miguel el 8 de mayo, día conocido como la Aparición de San Miguel. Según la tradición, San Miguel se apareció en el monte Gargano en el año 492. El lugar se ha convertido en un centro de peregrinación medieval. El lugar se convirtió en un lugar de peregrinación medieval, y así nació la fiesta de la aparición. La Iglesia Ortodoxa Oriental honra al Arcángel como San Miguel el 8 de noviembre. Por su parte, la Iglesia Ortodoxa Etíope

Tewahedo conmemora a este ángel el 12 de cada mes.

Signos del zodíaco

El Arcángel Miguel es el regente de Leo, el signo zodiacal que encarna las características de los nacidos bajo el dominio del Sol. Los Leo son conocidos por sus excelentes dotes de comunicación y un poderoso impulso para proteger y ayudar a los necesitados. Inspirados por Miguel, los nacidos bajo el signo de Leo no tienen problemas para descubrir verdades ocultas y están en constante búsqueda de conocimientos que puedan ayudarles a mejorar. Siempre están abiertos a nuevas ideas y son capaces de reconocer las creencias y valores de otras personas, al igual que el Arcángel Miguel acepta las opiniones de cualquiera que esté dispuesto a trabajar con él. Un Leo típico no juzga y exige lo mismo de los que le rodean.

Miguel confiere a los Leo una increíble capacidad para concentrarse y perseverar, organizar su vida y utilizar estas habilidades para obtener reconocimiento. Dado que sus esfuerzos suelen ser reconocidos, los Leo aprenden a prosperar con el éxito y siempre buscarán ser el centro de atención. Están dispuestos a dar lo mejor de sí mismos para obtener crédito y aclamación. Potenciado por el Arcángel Miguel, un Leo siempre destacará entre la competencia. Aunque a menudo sólo buscan el éxito individual, siguen siendo generosos con aquellos que les han ayudado.

Miguel enseña a los Leo a cultivar la lealtad, el amor y la compasión, convirtiéndolos en personas cálidas y sinceras que nunca temen mostrar afecto, al igual que Miguel no teme mostrar amor hacia sus devotos. También da a los Leo seguridad en sí mismos, permitiéndoles creer que pueden superar cualquier obstáculo al que se enfrenten.

En algunos casos, los Leo pueden ser demasiado orgullosos y egoístas. Pueden inclinarse por gestos extravagantes y presumir de sus logros antes de darse cuenta de lo equivocados que están.

Planetas

Sol

De todos los cuerpos planetarios, el Arcángel Miguel está asociado principalmente con el Sol. En astrología, el Sol determina las características más prominentes de cada signo zodiacal. Bajo la influencia de Miguel, el Sol ayuda a cada signo a desarrollar su identidad más básica. Esto forma la identidad central de una persona, el lugar interior alrededor del cual se centran todos los rasgos de su personalidad.

El Sol también determina características como la dignidad, la autoridad, la ambición, la resistencia a los prejuicios, la autoconciencia, el inconformismo y la fidelidad a los valores. Para evitar que estos rasgos se conviertan en un deseo abrumador de poder, incapacidad para aceptar las ideas de los demás, falta de voluntad, intolerancia hacia las normas, orgullo, egocentrismo e imprudencia, Miguel (a través del Sol) mantiene a las personas en el buen camino. Él alimenta los rasgos positivos de las personas, igual que el Sol alimenta la vida en la Tierra.

Mercurio

Mercurio es el planeta de la comunicación, algo en lo que el Arcángel Miguel destaca. No teme expresar su opinión ni defender a aquellos que no pueden hacer lo mismo. Las personas afectadas por Mercurio también pueden experimentar parte de la influencia de Miguel cuando intentan expresar sus deseos y su mundo interior. También ayuda a desarrollar la capacidad de maximizar la conciencia cuando se aprende a discernir y a interpretar correctamente la realidad. Mercurio está vinculado a rasgos como el ingenio, la imparcialidad, la multitarea, la adaptabilidad y la capacidad de poner en práctica ejercicios espirituales. Favorece la unión entre la personalidad y el ámbito espiritual.

Marte

El planeta rojo, como se conoce a Marte, se corresponde con rasgos como el compromiso con la superación personal y la capacidad para superar obstáculos y miedos que podrían obstaculizar su progreso y mantenerle estancado en una posición indeseable. Todas estas son características otorgadas por el Arcángel Miguel, que se asegura de que aprenda a disolver todo lo que se estanca en su interior y le impide convertirse en la mejor versión de sí mismo. Bajo la influencia de Miguel, Marte puede traer cambios rápidos, pero todo va en la dirección correcta. Los afectados por este planeta a menudo sienten un impulso repentino de empezar a trabajar hacia la autorrealización después de comprender plenamente su situación actual y reconocer que están estancados. Suelen cambiar a una marcha superior, fortalecidos por la verdad y su capacidad para alimentar su propia fuerza espiritual.

Tierra

Debido a su capacidad para nutrir la vida en la Tierra, el Arcángel Miguel también está asociado con ella. Representar un símbolo de la Tierra puede ser una gran forma de potenciar la conexión con la naturaleza y el lugar de nacimiento de la humanidad.

Número del Ángel

Aunque Miguel puede manifestarse a través de varios números, a menudo gravita hacia los números 1, 11 y 1111. El número 1 es increíblemente prominente en el mundo de los ángeles. Si Miguel está utilizando este número (o combinaciones del mismo) para llegar a usted, tiene un mensaje importante que entregarle.

En primer lugar, el número 1 está relacionado con el yo verdadero, al que puede llegar a través de su intuición. Si ve este número, puede indicar que necesita aprovechar sus instintos. Si ve el número 11, significa que tiene una energía espiritual elevada. Es una señal de que es receptivo a los mensajes espirituales. Los mensajes relacionados con el número 11 suelen referirse a la protección de sus seres queridos. A diferencia del número 1 (que está vinculado a su intuición personal), el número 11 trata más sobre utilizar su intuición para ayudar a los demás. Algunos también creen que el número 11 representa dos figuras altas, indicando que el Arcángel siempre estará a su lado.

Si se encuentra el número 1111, también podría ser la forma que tiene Miguel de comunicarse con usted. Nunca ignore este número porque puede contener un mensaje que podría cambiar su vida. Miguel puede ser increíblemente persistente, y si no puede captar ninguna otra señal que le esté enviando, podría empezar a bombardearle con el número 1111 hasta que no tenga más remedio que darse cuenta de que está intentando enviarle un mensaje.

Otro número que verá cuando Miguel le esté tendiendo la mano es el 888. Esto representa la conexión de Miguel con lo divino. Es la triplicidad del número 8, el símbolo del poder, el estatus mundano y el liderazgo. 888 puede reducirse a 6, el número vinculado a la energía divina del servicio y otro número asociado con el Arcángel Miguel. Cuando le envía el número 888, le recuerda tus responsabilidades y la relación causa-efecto. Le está diciendo que toda acción tiene consecuencias. A menudo le envía este número para ayudarle a comprender la importancia de la integridad, de mantenerse fiel a sus valores y de todos los pasos que necesita para conseguirlo. También se dice que el número 8 simboliza la espada divina del Arcángel Miguel. En triplicidad, el símbolo de la espada encarna la protección que necesita para vivir una vida recta, permitiéndole crecer a través de sus interacciones con el poder espiritual, las responsabilidades y las decisiones, y la falta de ellas.

El número 36 podría ser la forma en que Miguel le indica que debe cambiar su enfoque en ciertas áreas de la vida. Si este número le aparece repetidamente, puede ser una señal para que deje de centrarse en valores externos y canalice su atención hacia su interior. Tal vez esté demasiado centrado en las posesiones materiales y las ganancias financieras. Ver el número 36 puede significar que está preparado para un viaje espiritual que le hará perder de vista estas preocupaciones.

Colores

El Arcángel Miguel está relacionado con varios colores:

Azul: Símbolo de su protección, el azul se asocia a menudo con la serenidad. Transmite calma en medio del caos, permitiéndole superar los obstáculos.

Dorado: Este color representa el poder de Miguel como líder de los Arcángeles y gobernador del Sol. Miguel aparece a menudo en visiones en su forma majestuosa, envuelto en un aura de brillante luz dorada.

Rojo: La asociación de Miguel con el color del amor alude a su naturaleza compasiva y a su capacidad para enseñar a las personas a desarrollar el amor hacia sí mismas y hacia los demás y alimentar este sentimiento.

Púrpura: El púrpura combina el azul y el rojo, indicando la capacidad del Arcángel para proporcionar protección amorosa. El púrpura simboliza la realeza, aludiendo al distinguido estatus de Miguel entre los Arcángeles.

Verde: Las habilidades de Miguel están relacionadas con la naturaleza, representada por el color verde. El verde tiene un efecto de enraizamiento que ayuda a calmar y centrar la mente durante el trabajo espiritual.

Blanco: La magnífica energía de Miguel se representa a menudo con el color angélico universal, el blanco. Puede ser útil si no tiene una intención específica en mente o cuando necesita todo el poder que

Miguel le pueda proporcionar.

Símbolo, sello y emblema

A menudo se representa al Arcángel Miguel portando una espada, que se ha convertido en uno de sus símbolos característicos de protección. Los devotos suelen visualizar su energía protectora a través de su espada o simplemente de un orbe de luz. La espada y la luz son azules o están rodeadas de llamas azules. Estos dos símbolos angélicos representan la capacidad de Miguel para escudarle y protegerle de energías dañinas, cortar lazos no deseados y liberarle de la falsedad, permitiéndole ver la verdad.

A Miguel también se le atribuyen otros símbolos de protección, como el hexagrama y el pentagrama, ambos utilizados en trabajos espirituales y mágicos en distintas religiones. Al igual que un escudo, un manto también puede ser el símbolo de Miguel, especialmente si es azul o púrpura real. Algunos también prefieren utilizar representaciones del sol como símbolo de Miguel. Representa la energía nutritiva del Arcángel, que puede ser útil durante la curación espiritual.

El emblema (también conocido como el sello de San Miguel) del Arcángel Miguel es un símbolo religioso muy apreciado entre los seguidores de una gran variedad de religiones. Aunque existen muchas versiones diferentes del emblema, la mayoría de los devotos coinciden en que lo mejor es utilizarlo para establecer un vínculo entre el Arcángel y la persona que desea trabajar con él regularmente.

Árboles, plantas, hierbas y aceites esenciales

Como Arcángel asociado con el poder más elevado de la curación angélica, Miguel tiene muchas hierbas, flores y aceites esenciales en su botica. Algunas de las plantas que corresponden a Miguel son la acacia, la angélica, el haya, el ranúnculo, la menta azul, el laurel, el cedro, el nogal americano, el clavel, el girasol, el laurel, la celidonia, la apio de monte, la centaurea, la eufrasia, el sello dorado, el heliotropo, el lúpulo, el hibisco, la caléndula, el azahar, la peonía, el roble, el serbal, la albahaca, el azafrán, la hierba de San Juan, el girasol y el eucalipto.

Por señalar algunas menciones honoríficas, la albahaca está vinculada al Arcángel Miguel debido a su mutua capacidad para desterrar la negatividad. Antiguamente se consideraba una poderosa hierba curativa utilizada por la realeza. También puede utilizarse en forma de aceite esencial para limpiar espacios y cuerpos antes de rituales y oraciones dedicados a Miguel. Otros aceites esenciales correspondientes a Miguel son el de naranja y el de incienso. También se pueden utilizar como aceites de oración, ungüentos y pulverizadores cuando se invoca el poder de Miguel para obtener protección, fuerza y paz mental.

Las flores con forma de sol, las flores con aroma cítrico y las flores que mejoran la vista también funcionan bien cuando se invoca al Arcángel Miguel. Como su nombre indica, el girasol es una de las correspondencias de Miguel. Utilizarlo puede ser una gran forma de honrar a Miguel como gobernador del sol. Además, también se dice que el girasol simboliza la confianza y la fe en la espiritualidad y en lo divino.

Los inciensos asociados al Arcángel Miguel son la lavanda y el incienso. El primero tiene un efecto limpiador y calmante en todo tu ser, a la vez que limpia tus energías. El segundo promueve la calma y purga la habitación de vibraciones negativas e influencias energéticas.

Cristales y metales

El Arcángel Miguel se asocia principalmente con gemas, cristales y piedras de color púrpura y azul. La sugilita púrpura profundo tiene una conexión particularmente fuerte con este Arcángel. Miguel también está relacionado con el topacio, el ámbar y varios cristales de color amarillo y marrón amarillento, así como con piedras azules como el aura acuática y la turquesa. También puede obtener grandes resultados al invocar a Miguel con objetos de metal dorado y latón. Estos metales tienen una firma de alta energía, al igual que el ángel que los rige. El acero también puede utilizarse para invocar a Miguel, ya que este metal se asocia con sus inmensos poderes de protección.

Otras asociaciones del Arcángel Miguel

La hora del día y de la noche: Miguel gobierna las horas 1ª y 8ª del día y las horas 3ª y 10ª de la noche.

La dirección: Oeste.

Elemento: Fuego.

Carta del Tarot: El Sol.

Deidades: Helios, Sol, Apolo, Thor, Adonis, Ra, Savitar, Re y Sekhmet.

Animales y criaturas míticas: León, grifo, lobo, gavilán y mariposa dorada.

Partes del cuerpo: El corazón y el sistema circulatorio, los ojos, la columna vertebral, el bazo, la parte superior de la espalda, la sangre.

Sistema de chakras: Chakra del corazón (Anahata) y chakra de la coronilla (Sahasrara).

Correspondencias espirituales: Paz, ambición mundana, ganancias financieras, búsqueda de empleo, favores obtenidos de los demás, capacidad para recuperar la juventud, adquirir buena suerte y recuperar algo o a alguien perdido. Se sabe que Miguel ayuda en los negocios, los ascensos, el establecimiento de asociaciones mutuamente satisfactorias y el camino hacia el éxito profesional. También se le relaciona con la salud, el crecimiento y el avance personal, la alegría, la iluminación, la prosperidad espiritual, la esperanza, el pensamiento racional, la disipación de energías negativas y la resolución de problemas a corto o largo plazo.

Rasgos y habilidades personales: Las características personales regidas por el Arcángel Miguel son la capacidad de liderazgo, la nobleza, la habilidad para establecer carreras de éxito, la reverencia hacia la ley y las normas, ser un buen modelo como figura paterna y en las amistades. También está relacionado con la confianza en uno mismo, el ego, los rasgos físicos, la capacidad para resolver situaciones hostiles, el ego, la búsqueda de la fama, el honor, la energía vital, la ligereza espiritual, el éxito, la vitalidad, la superioridad, la virilidad, la promoción del poder y el orgullo.

Conclusión

El Arcángel Miguel es conocido por ser un protector y la fuente de poder sagrado tanto para los ángeles como para las personas. Como ha aprendido en este libro, es el Arcángel más cercano a lo divino. Sin embargo, también es el gobernador del sol, proporcionando a la naturaleza su energía nutritiva. Protege a los que no pueden hablar por sí mismos y protege a los que están en peligro de influencias malignas. Puede ayudarle a sanar su cuerpo y su mente, fortaleciendo su espíritu y superando las dificultades que se le presenten en la vida. Ya sea sanando sus chakras, acercándole a la naturaleza o alineándole con el propósito de su vida, Miguel elevará su espíritu y le ayudará a convertirse en la mejor versión de sí mismo.

Suponga que es la primera vez que trabaja con un ser angélico. En ese caso, probablemente necesitará un poco de práctica para establecer una línea de comunicación clara con el Arcángel Miguel. Después de dar el primer paso y contactar con él, debe estar atento a sus señales. Lo bueno de Miguel es que siempre es directo y persistente. Con paciencia, acabará reconociendo sus señales.

Después, será el momento de hacer averiguaciones concretas. A lo largo de este libro, ha recibido un montón de consejos y sugerencias prácticas para solicitar protección, sanación y desterrar energías negativas. Tanto si quiere protegerse a sí mismo, a sus seres queridos o a sus posesiones de influencias tóxicas, Miguel le ayudará. Puede pedir su ayuda durante el trabajo espiritual o si simplemente se siente agotado por las vibraciones negativas. También puede pedirle que disipe toda la negatividad que ya reside en cualquier espacio, objeto o persona que quiera purificar. Las energías negativas pueden causar malestar físico, mental y espiritual. Al eliminarlas con la ayuda del Arcángel Miguel, puede estar seguro de que no volverán pronto. Aunque no puede curar ninguna enfermedad física ni mental, Miguel puede darle fuerza para permitir que su mente, cuerpo y alma se curen. Trabajar con Miguel puede ser un magnífico ejercicio complementario para cualquier tratamiento al que se someta.

¿Desea establecer un vínculo aún más fuerte con el Arcángel Miguel? Puede hacerlo incorporando a su vida cotidiana elementos que le honren. Por ejemplo, puede utilizar cristales asociados a él para aprovechar su energía. Las piedras cargadas con la energía del Arcángel Miguel pueden ser una gran fuente de poder para superar los desafíos diarios. También pueden ayudarle durante cualquier trabajo espiritual que dedique a Miguel. Del mismo modo, también puede encontrar poder en las hierbas y aceites esenciales asociados a este Arcángel, y son igual de fáciles de incorporar a las prácticas diarias.

Aunque no tenga a mano objetos asociados a Miguel, visualice un símbolo asociado a él y escuchará su petición. El capítulo correspondiente le ha proporcionado una amplia gama de correspondencias vinculadas a este Arcángel; siéntase libre de referirse a cualquiera de ellas mientras trabaja con él. El simple hecho de llevar ropa del color adecuado o dirigirse a él en el día en que sus poderes son más fuertes puede marcar una gran diferencia en su capacidad para conectar con él.

En resumen, ha recibido muchos consejos sobre cómo conectar con el Arcángel Miguel. Ahora le toca comenzar su viaje. Recuerde, la práctica hace al maestro. Puede que al principio no sea capaz de descifrar los mensajes que reciba del Arcángel Miguel, pero esto cambiará con el tiempo. A medida que eleve sus energías a frecuencias más altas y se encuentre más en sintonía con su intuición, aprenderá a sacar el máximo partido de su conexión con él.

Vea más libros escritos por Mari Silva

Su regalo gratuito

¡Gracias por descargar este libro! Si desea aprender más acerca de varios temas de espiritualidad, entonces únase a la comunidad de Mari Silva y obtenga el MP3 de meditación guiada para despertar su tercer ojo. Este MP3 de meditación guiada está diseñado para abrir y fortalecer el tercer ojo para que pueda experimentar un estado superior de conciencia.

https://livetolearn.lpages.co/mari-silva-third-eye-meditation-mp3-spanish/

¡O escanee el código QR!

Referencias

(s.f.-a). Questionsonislam.com. https://questionsonislam.com/question/what-are-duties-mikail-michael-did-he-see-and-talk-prophet-pbuh

(s.f.-b). Chabad.org. https://www.chabad.org/library/article_cdo/aid/3825092/jewish/What-Are-Archangels.htm

11 pasos para conectar con el arcángel Miguel. (2019, 11 de julio). Georgie G Deyn. https://www.georgiegdeyn.com/11-steps-connect-archangel-michael/

5 maneras fáciles. (2022, 22 de abril). El laboratorio cuántico. https://www.newworldblueprints.com/how-to-communicate-with-archangel-michael/

6 Señales innegables de que el Arcángel Miguel se está conectando contigo - Lecturas de ángeles, sanaciones con ángeles, médium psíquico. (2021, 4 de octubre). Lecturas de ángeles, curaciones de ángeles, médium psíquica. https://archangelwisdom.com/6-undeniable-signs-archangel-michael-is-connecting-to-you/

7 Rituales angelicales para la mañana. (2015, 15 de abril). Angelorum. https://angelorum.co/topics/angels/7-morning-rituals-to-infuse-your-day-with-angelic-energy/

7 Señales de que el Arcángel Miguel podría ser tu sanador personal. (2021, 15 de enero). Secretos de Arcángel. https://www.archangelsecrets.com/7-signs-st-michael-the-archangel-healer/

888 Número Ángel y Ángel Miguel. (2020, 9 de julio). AskAstrology. Una Rutina Diaria de Ángeles - Nueva Era. (s.f.). Bellaonline.Com. http://www.bellaonline.com/articles/art38477.asp

Ángel, A. (s.f.). Arcángel Miguel. Circleofangels.Nl.
https://circleofangels.nl/?page_id=2038

Los ángeles y los aceites esenciales. (2017, 3 de abril). S.O.N.C.E.
https://spiritualyopeningnowtocosmicenergy.wordpress.com/angels-and-essential-oils/

Arcángel Miguel - El que es como Dios Ángel. (2021, 16 de marzo). Unifycosmos.com. https://unifycosmos.com/archangel-michael/

Arcángel Miguel, Arcángel del Sol - Correspondencias mágicas tradicionales. (s.f.). Archangels-and-Angels.Com.
http://www.archangels-and-angels.com/aa_pages/correspondences/angel_planet/archangel_michael.html

Arcángel Miguel. (s.f.). Angelwingsart.Co.Uk.
https://www.angelwingsart.co.uk/archangel-michael.php

Correspondencias Florales Arcangélicas. (2022, 8 de agosto). Angelorum.
https://angelorum.co/angels-2/angel-mystic-monday/archangelic-flower-correspondences/

Askinosie, H. (2016, 5 de febrero). 8 maneras de usar cristales en tu rutina diaria. Mindbodygreen.
https://www.mindbodygreen.com/articles/how-to-use-crystals-everyday

Agosto. (2020, 30 de agosto). Datos científicos sobre el uso de piedras preciosas - Hubert jewelry - diamantes finos y piedras preciosas. Hubertjewelry.com. https://hubertjewelry.com/scientific-facts-about-wearing-gemstones/

Brandstatter, T. (2013, 25 de mayo). Los ángeles de la guarda en la fe ortodoxa. Synonym.com; Sinónimo. https://classroom.synonym.com/guardian-angels-in-the-orthodox-faith-12087290.html

Brown, S. (2018, 7 de septiembre). ¿Quién es el arcángel Miguel? Supera el miedo con el Arcángel del Valor. El intuitivo de la pluma negra.
https://www.theblackfeatherintuitive.com/who-is-archangel-michael-the-archangel-of-courage/

Católicos en línea. (s.f.). San Miguel Arcángel. Catholic Online.
https://www.catholic.org/saints/saint.php?saint_id=308

Cheryl. (2017, 25 de octubre). 4 Formas de conectar con el Arcángel Miguel (¡Es más fácil de lo que crees!). Viaje Intuitivo.
https://intuitivejourney.com/connect-archangel-michael/

Conéctate con los Ángeles con Mantras de Ángeles y el Poder de la Intención - Lecturas de Ángeles, Curaciones con Ángeles, Médium Psíquico. (2021, 6 de septiembre). Lecturas de ángeles, curaciones de ángeles, médium psíquica.
https://archangelwisdom.com/connect-to-angels-angel-mantras/

Cotton, I. (2015, 21 de octubre). Piensa en estas cosas: El Miguel del libro de Daniel es Jesús. Hoy En BC

Cristales para ayudar a conectar con el arcángel Miguel. (s.f.). Healingcrystals.com. https://www.healingcrystals.com/Crystals_to_Help_Connect_with_Archangel_Michael_Articles_1790.html

Dagny. (2016, 3 de septiembre). Escribiendo al arcángel Miguel. Rayos de Reiki. https://reikirays.com/33506/writing-archangel-michael/

Deyn, G. G. (2019, 11 de julio). 11 pasos para conectar con el Arcángel Miguel. Georgie G Deyn. https://www.georgiegdeyn.com/11-steps-connect-archangel-michael/

Elias, A. A. (2021, 4 de abril). Hadiz sobre Mikaeel: Miguel no ha reído desde que se creó el Infierno. Hadiz diario en línea. https://www.abuaminaelias.com/dailyhadithonline/2021/04/04/mikaeel-laughing/

Helen West, R. D. (2019, 30 de septiembre). Qué son los aceites esenciales y si funcionan? Healthline. https://www.healthline.com/nutrition/what-are-essential-oils

Esperanza - El ángel escritor. (2020, 18 de febrero). 6 Señales de que el Arcángel Miguel te está visitando -. El Ángel Escritor. https://www.theangelwriter.com/blog/signs-archangel-michael

Hopler, W. (2011, 20 de mayo). Conoce al Arcángel Miguel, líder de todos los ángeles. Aprender Religiones. https://www.learnreligions.com/meet-archangel-michael-leader-of-angels-124715

Hopler, W. (2012a, 1 de enero). ¿Tienes tu propio ángel de la guarda? Aprender Religiones. https://www.learnreligions.com/your-own-guardian-angel-123820

Hopler, W. (2012b, 21 de marzo). Arcángeles: Los ángeles dirigentes de Dios. Aprender Religiones. https://www.learnreligions.com/archangels-gods-leading-angels-123898

Hopler, W. (2012c, 1 de mayo). El Arcángel Miguel liderará la lucha contra Satanás durante el fin de los tiempos. Aprender Religiones.
https://www.learnreligions.com/bible-angels-archangel-michael-124047

Hopler, W. (2012d, 1 de mayo). Cómo reconocer al arcángel Miguel. Aprender Religiones. https://www.learnreligions.com/how-to-recognize-archangel-michael-124278

Hopler, W. (s.f.). Cómo Reconocer al Arcángel Miguel. Aprender Religiones. https://www.learnreligions.com/how-to-recognize-archangel-michael-124278

Hopler, W. (s.f.). Cómo Reconocer al Arcángel Miguel. Aprender Religiones. https://www.learnreligions.com/how-to-recognize-archangel-michael-124278

Hughes, L. (2019, 1 de marzo). Qué son los cristales curativos y funcionan realmente? Oprah Daily. https://www.oprahdaily.com/life/health/a26559820/healing-crystals/

Hunter, M. G. (2022, 11 de noviembre). ¿Quién es el arcángel Miguel? Tierra y Altar. https://earthandaltarmag.com/posts/who-is-the-archangel-michael

Increíbles encuentros personales con San Miguel. (s.f.). Botánica original. https://originalbotanica.com/blog/saint-michael-personal-encounter-stories

Insight Network, Inc. (s.f.). Limpieza espiritual de 21 días con el Arcángel Miguel.. Insighttimer.Com. https://insighttimer.com/meditativeawakening/guided-meditations/21-day-spiritual-cleansing-with-archangel-michael

Insight Network, Inc. (s.f.). Meditación de protección del Arcángel Miguel. Insighttimer.Com. https://insighttimer.com/gusferreira/guided-meditations/archangel-michael-protection-meditation

Insight Network, Inc. (s.f.). El escudo de Miguel: visualización guiada. Insighttimer.Com. https://insighttimer.com/stevenobel/guided-meditations/the-shield-of-michael-meditation

ireneblais. (s.f.). Arcángel Miguel... - Energía de las plumas de ángel. Angelfeathersenergy.Ca. https://angelfeathersenergy.ca/2017/09/06/archangel-michael/

Khepri, V. A. P. de. (2012, 19 de agosto). Arcángel Miguel: Cómo invocar su ayuda y protección. The Magickal-Musings of Nefer Khepri, PhD. https://magickalmusings.blog/2012/08/19/archangel-michael-how-to-invoke-his-help-protection/

Khepri, V. A. P. de. (2015, 15 de mayo). Limpieza Espiritual de la Casa con el Arcángel San Miguel. The Magickal-Musings of Nefer Khepri, PhD. https://magickalmusings.blog/2015/05/15/spiritual-house-cleansing-with-archangel-saint-michael/

Kranz, J. (2013, 7 de noviembre). 7 datos bíblicos sobre el arcángel Miguel. Panorama Biblia. https://overviewbible.com/michael-archangel/

Lmhc, L. H. (1488904367000). Por qué el Arcángel Miguel es el último consejero de carrera. Linkedin.com. https://www.linkedin.com/pulse/why-archangel-michael-ultimate-career-counselor-lisa-hutchison-lmhc/

Lucey, C. (2022, 6 de abril). ¿Quién es el Arcángel Miguel? Christianity.com. https://www.christianity.com/wiki/angels-and-demons/who-is-the-archangel-michael.html

Lundal, J. A. (2021, 13 de febrero). 7 Señales de que el Arcángel Miguel está cerca. Milagro del Espíritu. https://www.spiritmiracle.com/signs-archangel-michael/

MacDougal, C. (2019, 15 de agosto). Cristales: La ciencia detrás de lo espiritual. ĀTHR Beauty. https://athrbeauty.com/blogs/goodvibesbeauty/crystals-the-science-the-spiritual

Malaikah (sin fecha). BBC. https://www.bbc.co.uk/bitesize/guides/z43pfcw/revision/3

Marie, T. (2019, 17 de enero). Cómo usar cristales curativos & convocar a los Arcángeles que más necesitas. YourTango. https://www.yourtango.com/experts/angellady-terriemarie/how-to-use-healing-crystals-to-connect-with-archangels-based-on-their-meanings

Miguel arcángel. (2019, 11 de febrero). La vida espiritual. https://slife.org/archangel-michael/

Michael, Wille y Mary. (2021, 10 de mayo). Quién es el Arcángel Miguel & 5 Cantos del Gran Protector. Una pequeña chispa de alegría.

https://www.alittlesparkofjoy.com/archangel-michael/

Miller, F. P., Vandome, A. F., & McBrewster, J. (Eds.). (2010). Arcángel Miguel: Tradiciones y puntos de vista católicos romanos. Alphascript Publishing.

Mishra, D. P. (2023, 9 de febrero). Número Angelical 36 -Una Guía Completa sobre el Significado del Número Angelical 36. EAstroHelp.

https://www.eastrohelp.com/blog/angel-number-36-meaning/

Murray, B., & March, B. (2017, 5 de septiembre). Guía para principiantes sobre los cristales. Harper's BAZAAR. https://www.harpersbazaar.com/uk/beauty/fitness-wellbeing/a43244/crystal-healing-beginners-guide/

pakosloski. (2020, 8 de octubre). Oración a San Miguel para protección contra enemigos espirituales. Aleteia - Espiritualidad católica, estilo de vida, noticias del mundo y cultura. https://aleteia.org/2020/10/08/prayer-to-st-michael-for-protection-against-spiritual-enemies/

Payment, D. (2017, 11 de mayo). Agua bendita protectora del Arcángel Miguel. Dar Payment- El Sitio Oficial del Médium Psíquico, Autor y Maestro Espiritual Dar Payment. https://darpayment.com/archangel-michael-protective-holy-water/

Payment, D. (2017, 3 de noviembre). Receta de sal de purificación de la habitación del Arcángel Miguel. Dar Payment - El sitio oficial de médium psíquico, autor y maestro espiritual Dar Payment. https://darpayment.com/archangel-michael-room-purification-salt-recipe/

Payment, D. (2020, 3 de febrero). Todo Sobre el Arcángel Miguel. Dar Payment - El Sitio Oficial del Médium Psíquico, Autor y Maestro Espiritual Dar Payment. https://darpayment.com/all-about-archangel-michael/

Payment, D. (2020, 3 de febrero). Todo Sobre el Arcángel Miguel. Dar Payment - El Sitio Oficial del Médium Psíquico, Autor y Maestro Espiritual Dar Payment. https://darpayment.com/all-about-archangel-michael/

Payment, D. (2022, 27 de mayo). Usando Aceites Esenciales para conectar con los ángeles. Dar Payment - El Sitio Oficial del Médium Psíquico, Autor y Maestro Espiritual Dar Payment. https://darpayment.com/using-essential-oils-to-connect-with-angels/

Plant, R. (2021, 10 de marzo). Significado del nombre de Miguel. Familia Verywell. https://www.verywellfamily.com/michael-name-meaning-5115812

Richardson, T. C., & Richardson, T. C. (s.f.). 5 maneras en que el Arcángel Miguel te cubre las espaldas. beliefnet. Beliefnet.com. https://www.beliefnet.com/inspiration/angels/5-ways-archangel-michael-has-your-back.aspx

Rose, M. (2022, 8 de diciembre). StyleCaster. https://stylecaster.com/how-to-use-protection-magic/

Rue. (2010, 28 de mayo). Amuleto de Protección Cargado con el Fuego de San Miguel Arcángel - La Cocina de Rue. https://www.rueskitchen.com/articles/protection-charm-charged-with-the-fire-of-saint-michael-the.html

Rituales del día de San Miguel para la abundancia y la protección. (s.f.). Botánica original. https://originalbotanica.com/blog/saint-michaels-day-rituals-abundance-protection

Espiritual. (2016, 18 de enero). Sigilo del arcángel Miguel - Cómo crearlo. Experiencia Espiritual

Stefan. (2021, 25 de abril). El Arcángel Miguel en la Sesión de Reiki. Rayos de Reiki.

https://reikirays.com/87365/archangel-michael-in-the-reiki-session/

El arcángel Miguel: ¿quién es? (s.f.). JW.ORG.

https://www.jw.org/en/bible-teachings/questions/archangel-michael/

El Jardín de Cristal, hogar de la comunidad holística del sur de Florida. (sin fecha). El Jardín de Cristal. https://thecrystalgarden.com/category/angels/

Editores de la Enciclopedia Británica. (2020). Mīkāl. En Enciclopedia Británica.

Los editores de la Enciclopedia Británica. (2022). Michael. En Enciclopedia Británica.

Editores de la Enciclopedia Británica. (2022). Michael. En la Enciclopedia Británica.

La palabra Miguel mencionada en el Corán. (2019, 10 de febrero). El último diálogo. https://www.thelastdialogue.org/article/the-word-michael-mentioned-in-quran/

Ver Archivo →. (2023, 11 de abril). Sigilo del Arcángel Miguel: Significado y origen. Malevus. https://malevus.com/sigil-of-archangel-michael/

Waters, R. (2016, 3 de noviembre). Cristales para los Arcángeles. Carpe Diem Con Remi. https://www.carpediemwithremi.com.au/blogs/news/crystals-for-the-archangels

Webster, R. (2004, 1 de noviembre). Contactar con el Arcángel Miguel. Llewellyn Worldwide. https://www.llewellyn.com/journal/article/732

Webster, R. (2022, 13 de junio). 7 Maneras de conectar con los Arcángeles. Llewellyn Worldwide. https://www.llewellyn.com/journal/article/3023

¿Quién es san miguel? (2019, 23 de diciembre). Saint Michael's College. https://www.smcvt.edu/about-smc/who-is-saint-michael/

Wille. (2021, 10 de mayo). Quién es el Arcángel Miguel & 5 cantos del gran protector. Una pequeña chispa de alegría. https://www.alittlesparkofjoy.com/archangel-michael

Fuentes de imágenes

[1] *Bielpincet, CC BY-SA 3.0 < https://creativecommons.org/licenses/by-sa/3.0>, via Wikimedia Commons*https://commons.wikimedia.org/wiki/File:Icon_of_Archangel_Michael_in_Cathedral_in_the_name_of_Archangel_Michael.jpg

[2] https://unsplash.com/photos/lYMbHxtntRo

[3] https://unsplash.com/photos/y02jEX_B0O0

[4] https://unsplash.com/photos/M-xaOaCzy_M

[5] https://pixabay.com/es/photos/miguel-san-miguel-arc%C3%A1ngel-5764009/

[6] https://unsplash.com/photos/HK1BuoReZmM

[7] https://unsplash.com/photos/Tlcy2YCFwlg

[8] https://www.needpix.com/photo/892366/symbol-wind-rose-nautica-free-vector-graphics

[9] https://www.pexels.com/photo/white-and-gray-stone-on-brown-wooden-table-3610752/

[10] https://www.pexels.com/photo/two-clear-glass-bottles-with-liquids-672051/

www.ingramcontent.com/pod-product-compliance
Lightning Source LLC
Chambersburg PA
CBHW051846160426
43209CB00006B/1186